时代印记

王志艳◎编著

李世民

延边大学出版社

图书在版编目（CIP）数据

寻找李世民 / 王志艳编著 . —延吉：延边大学出版社，2013.8(2020.7 重印)

ISBN 978-7-5634-5926-1

Ⅰ.①寻… Ⅱ.①王… Ⅲ.①李世民（599~649）—传记—青年读物②李世民（599~649）—传记—少年读物 Ⅳ.① K827=421

中国版本图书馆 CIP 数据核字 (2013) 第 210677 号

寻找李世民

编著：王志艳
责任编辑：孙淑芹
封面设计：映像视觉
出版发行：延边大学出版社
社址：吉林省延吉市公园路 977 号 邮编：133002
电话：0433-2732435 传真：0433-2732434
网址：http://www.ydcbs.com
印刷：唐山新苑印务有限公司
开本：690×960 1/16
印张：11 印张
字数：100 千字
版次：2013 年 8 月第 1 版
印次：2020 年 7 月第 3 次印刷
书号：ISBN 978-7-5634-5926-1
定价：29.80 元

前言

历史发展的每一个时代，都会有对后世产生巨大影响的人物，都会有推动我们前进的力量。这些曾经创造历史、影响时代的英雄，或以其深邃的思想推动了世界文明的进步，或以其叱咤风云的政治生涯影响了历史的进程，或以其在自然科学领域中的巨大成就为人类造福……

总之，他们在每个时代都留下了深深的印记，烙上了特定的记号。因为他们，历史的车轮才会不断前进；因为他们，每个时代的内容才会更加精彩。他们，已经成为历史长河的风向标，成为一个时代的闪光点，引领着我们后人走向更加深邃的精神世界和更加精彩的物质世界。

今天，当我们站在一个新的纪元回眸过去的时候，我们不能不提起他们的名字，因为是他们改变了我们的世界，改变了人类历史的发展格局。了解他们的生平、经历、思想、智慧，以及他们的人格魅力，也必然会对我们的人生产生深刻的影响。

为了能了解并铭记这些为人类历史发展做出过巨大贡献的人物，经过长时间的遴选，我们精选出一些最具影响力、最能代表时代发展与进步的人物，编成这套《时代印记》系列丛书，其宗旨是：期望通过这套青少年乐于、易于接受的传记形式的丛书，对青少年读者的成长产生潜移默化的影响，使他们能够从中吸取到有益的精神元素，立志奋进，为祖国、为人类作出自己的贡献。

前言

  本套丛书写作角度新颖，它不是简单地堆砌有关名人的材料，而是精选了他们一生当中最富有代表性的事迹与思想贡献，以点带面，折射出他们充满传奇的人生经历和各具特点的鲜明个性，从而帮助我们更加透彻地了解每一位人物的人生经历及当时的历史背景，丰富我们的生活阅历与知识。

  通过阅读这套丛书，我们可以结识到许多伟大的人物。与这些伟人"交往"，也会进一步提高我们的思想品格与道德修养，并以这些伟人的典范品行来衡量自己的行为，激励自己不断去追求更加理想的目标。

  此外，书中还穿插了许多与这些著名人物相关的小知识、小故事等。这些内容语言简练，趣味性强，既能活跃版面，又能开阔青少年的阅读视野，同时还可作为青少年读者学习中的课外积累和写作素材。

  我们相信，阅读本套丛书后，青少年朋友们一定可以更加真切、透彻地了解这些伟大人物在每个时代所留下的深刻印记，并从中汲取丰富的人生经验，立志成才。

导 言

Introduction

李世民（598—649），唐王朝的第二位皇帝，中国古代著名的军事家、政治家，谥号太宗。他是中国古代不可多得的开明君主，开创了中国历史上著名的"贞观之治"，至今仍为人们所称道。

李世民出身于军事贵族之家，自幼习文练武，颇有见识。隋朝末年，天下大乱，群雄并起，他劝谏父亲李渊趁机起兵，夺取国家政权，建立了大唐王朝。随后，他又领兵征战多年，逐一扫平各路群雄，为国家的统一作出了卓越的贡献，深受百姓拥戴。

武德末年，李世民在争夺皇位继承权的斗争中又果断出手，发动玄武门之变，诛杀了太子李建成和齐王李元吉，逼迫高祖李渊退位，登上了皇帝的宝座。

登基为帝之后，李世民任人唯贤，纳谏如流，政治清明，深受百官和百姓的爱戴；崇文抑武，依法治国，轻徭薄赋，发展农业，开创了天下富足、夜不闭户的太平盛世；实行开明的民族政策，广施外交和军事手腕，巩固边疆，致使四夷咸服，为统一的多民族国家建设作出了卓越的贡献。对此，历史学家给予了李世民高度的评价，并将其所开创的太平盛世称为"贞观之治"。

不过，李世民并非完美之人。作为一代帝王，他没有做到善始善终，在贞观末年逐渐变得刚愎自用，听不进群臣的忠谏；作为一位父亲，他没能处理好诸位皇子之间的关系，致使太子承乾企图发动政变；作为一个普通人，他相信方士长生不老的谎言，终因吞食丹药而毒发身亡。但是，这些都不足以抹杀他的伟大与英明。

　　本书从李世民的儿时生活开始写起，一直追溯到他所建立的大唐伟业，再现了这位中国古代杰出军事家、政治家具有传奇色彩的一生，旨在让广大青少年朋友了解这位中国封建王朝的伟大帝王不平凡的人生经历，从中汲取他那种坚韧、勇敢的精神及睿智、高超的治国策略，同时也对他的是非功过进行辨证的认识。

目 录
contents

时代印记　目录

第一章　显赫家世

　　以铜为镜，可以正衣冠；以古为镜，可以知兴替；以人为
镜，可以明得失。

——（唐）李世民

（一）

　　东汉末年，天下大乱，群雄并起，纷纷割地称王，把中国社会带进
了战乱纷起、民不聊生的封建割据时代。220年，曹操之子曹丕称帝，
史称魏文帝（187—226年，220—226年在位）。曹丕称帝标志着中华
民族正式步入了魏晋南北朝时期（220—589年）。在这一时期，各地
封建政权互相攻伐，你方唱罢我方登场，好不热闹，直弄得经济凋
敝、生灵涂炭，百姓苦不堪言。

　　时光荏苒，转眼到了581年，北周外戚杨坚废其外孙周静帝（573—
581年，579—581年在位）而自立，建立了隋朝。杨坚就是历史上著名
的隋文帝（541—604年，581—604年在位）。隋文帝称帝后，内修政
治，外兴刀兵，一边革除北周以来形成的各种政治弊端，发展经济，
一边北击突厥，稳固边疆。

　　经过数年的励精图治，隋朝国势逐渐强盛起来，突厥纷纷臣服，后

梁等封建割据政权也被并入隋朝的版图。

开皇八年（588年）十二月，隋朝一统天下的最后一战——灭陈之战打响了。隋文帝命令年仅20岁的晋王杨广为兵马都讨大元帅，统率水陆大军50余万向江南进发，发起了消灭陈朝的战役。荒淫的陈后主（553—604年，582—589年在位）自恃有长江天险，又欺杨广年幼，根本不理会隋朝的大军。

陈后主不曾想，他眼中的毛头小子杨广治军严明，指挥有方，一举突破了长江天堑，并于一年后攻破陈朝都城建康（今江苏省南京市）。陈朝灭亡，陈后主被俘。随后，杨广继续领兵南下，三吴、岭南等地望风而降。至此，魏晋南北朝历时近400年的封建割据时代结束了，隋朝继秦、汉之后第三次完成了中华民族的统一大业。

国家的统一为经济发展创造了良好的条件。隋文帝杨坚随后进行了一系列的改革，颁布均田令，注意发展农业生产，大规模普查人口，使国家的财政收入大为增加，从而出现了"天下富庶"的太平景象。为此，史书这样赞誉隋文帝和他所创造的时代：

"躬节俭，平徭役，仓廪实，法令行，君子咸乐其生，小人各安其业，强无凌弱，众不暴寡，人物殷阜，朝野欢娱。"

纵观中国2000多年的封建社会，能够做到这一点的帝王着实不多。因此，历史学家多将隋文帝列入"励精之主"的行列，而将其开创的时代称为"开皇盛世"。不过，由于隋文帝既没有在社会底层生活的经历，也不是通过大规模武装斗争取得天下的，而是以外戚的身份"入宫辅政"取得帝位的，由于这一历史特点，隋朝初年政策的自我调整非常有限，其广度与深度远远没有达到"存百姓、安天下"的需要。

俗话说，"一人得道鸡犬升天"。杨坚贵为一国之主，他身边的人自然也获益良多。其中，他的贴身侍卫、唐国公李渊便被任命为刺史，先后在谯州（今安徽省亳州）、陇州（今陕西省陇县）为官。

李渊祖籍陇西成纪（今甘肃省秦安县西北），出身贵族，家世显赫。他的祖父陇西公李虎因佐助北周的实际奠基者宇文泰（507—556年，拥立幼帝，建立西魏，实际把持朝政，死后被追封为北周太祖文皇帝）发动政变有功，被封为八柱国之一，称陇西郡公，死后被取代西魏自立的北周追封为唐国公。

李渊的父亲李昞承袭了陇西公封爵，历任抚军大将军、大都督、通直散骑常侍、车骑大将军等职。北周末年，李昞又升为骠骑大将军，开府仪同三司、侍中，可谓显赫一时。到隋文帝时，李昞又承袭了唐国公的封号，官拜御中正大夫，历任鄜州（今陕西省黄陵县西南）刺史、安州（今湖北省安陆县）总管、柱国大将军等职。

不过，李昞命薄，在李渊7岁时便因病去世了，这唐国公的封号也自然而然地落到了李渊的头上。由此可见，李氏家族自西魏以来，一直都是陇西的贵族世家。李渊不但出身高贵，而且与隋文帝还有亲属关系，他的姨妈是隋文帝的独孤皇后。因此，隋文帝十分器重李渊，有意将其培养成自己的左右手。

（二）

在隋文帝的特意培养之下，李渊也不负所望，年轻时就表现不俗。据史籍记载，李渊年轻时长得仪表堂堂，不少贵族家小姐都为之倾倒。但李渊立誓，非窦毅之女窦氏不娶。

窦氏出身鲜卑贵族，京兆府平陵（今山西省咸阳市西北）人，其父窦毅与李渊之父李昞同为北周的上柱国，继母是北周武帝宇文邕（543—578年，560—578年在位）的姐姐襄阳公主。这位窦氏不但出身高贵，而且天生丽质，见解不凡。据《新唐书·后妃传》记载，窦氏一出生就与普通的孩子不同。她头发乌黑柔顺，下垂过颈。到3岁时，她的头发已经与身体等长了。当然，这种说法并不可信，大抵是后世为了神话窦氏而编造出来的。

不过，窦氏确实不是一般女子，据说她自幼就聪颖异常，读《妇诫》《列女传》等书，能过目成诵。正因为如此，窦氏深受姨夫北周武帝宇文邕的喜爱，后来还被接到宫中抚养。武帝宇文邕驾崩之时，窦氏的悲伤程度不亚于任何一位公主。

后来，杨坚逼迫北周静帝禅位于己，建立了隋朝。窦氏闻讯，翻身下床，悲痛地说：

"真恨我不是一个男儿身，不能帮助舅舅家避免灾难！"

窦毅听到后，立即上前捂住女儿之口，劝诫道：

"不要乱讲！乱说话会招致灭族之祸的！"

由于隋文帝杨坚是通过自上而下的政变夺取政权的，因此在他统一中华大地之后，北周的王公贵族们依然是王公贵族，并没有受到迫害。窦毅也深受隋文帝的重用，被封为神武公，领定州总管之职。

等窦氏到了谈婚论嫁之时，窦毅便经常对妻子襄阳公主说：

"我们的女儿相貌出奇，见识不凡，怎可随意许配人家呢？"

襄阳公主也深以为然：

"是啊。若要为女儿择婿，一定要选一个人品出众、相貌不凡的贵族子弟才行。"

窦毅沉思了片晌，缓缓道：

"莫若在门屏上画两只孔雀，谁能射中孔雀之目，我们便将女儿许配给谁。"

襄阳公主拍手赞誉道：

"这是倒是个好办法！但我鲜卑族是马背上的民族，男儿皆善骑射。如果把握不好，恐怕无法为女儿找到如意郎君啊。"

窦毅想了想，回答说：

"这好办！所有应征者皆在门屏后射箭，射中两目者便择为贤婿。"

窦毅夫妇商议已定，便命人在门屏上画了两只活灵活现的孔雀，两只眼睛更是神来之笔。窦氏射箭择婿的消息传出后，前来应征的贵族子弟络绎不绝，其中不乏出类拔萃者，但他们都没能在门屏后射中孔雀的两只眼睛。

到最后，只有李渊一人没出场了。窦毅亲自拈了两支箭，走上前去，对李渊说：

"唐国公是我大隋的少年才俊，窦某巴不得将小女许配给你。不过为了公平起见，还劳烦唐国公搭弓射两箭吧！"

李渊接过箭，看了看门上的凤凰，转身走到门屏后，拉弓就是两箭。只听"咚咚"两声，那两支箭准确无误地插在了孔雀的眼睛上。旁边的贵族青年们看了，都忍不住喝彩道：

"好箭法！"

窦毅忙不迭地走上前去，大声宣布道：

"按照事先的约定，窦某宣布，将小女许配给唐国公李渊！"

窦氏见李渊玉树临风，长得一表人才，顿时心花怒放。而李渊也得偿所愿，也不免得意洋洋。可以说，李渊与窦氏郎才女貌，门当户对，正是天赐的一段佳缘。

婚后第二年，窦氏便为李渊生下一个儿子，取名建成，不久又诞下一个女儿（名字和出生日期均不详，李渊称帝后封其为平阳公主）。

开皇十七年（598年）十二月，窦氏又在李家位于武功（今陕西省武功县西北）的别馆诞下了第二个儿子。据《旧唐书·太宗本纪》记载，李渊的第二子诞生之时，别馆门口突然出现两条龙。它们互相嬉闹，直到第三日方才离去。这个在双龙护卫下诞生的男婴就是日后叱咤风云的唐太宗李世民。当然，所谓的"双龙护卫"肯定是李世民当上皇帝之后，史官为神话这位天子而编造出来的故事。

现在已经无法得知李世民在刚出生时父母为他取的名字叫什么了。按照当时的风俗，长子李建成被唤作大郎，而李世民在兄弟中排行第二，自然就被称为二郎了。

（三）

李家的武功别馆坐落在渭水北岸，风光秀丽而不失西北的粗犷与辽阔，二郎的童年基本上是在这里度过的。当时，李渊正在陇州刺史的任上，照顾和教育孩子的重任自然就落在了窦氏的肩上。

虽然窦氏出身于生活在马背上的鲜卑族，但因自幼聪慧，又长期生活在北周的皇宫之中，受到了良好的教育，因而文化修养极高。据说，她"工为篇章规诫，文有雅体"，又写得一手好字，这在男尊女卑的封建社会实不多见。有一次，窦氏模仿李渊的笔迹抄写了他的一篇文章，并将两篇文章放在一起要李渊分辨，李渊竟然不知哪一篇是自己写的。由此可见，窦氏的文化功底十分扎实。

在这样一位母亲的教育之下，李家兄弟也自然而然地喜欢上了书法，喜好文史，勤于读书，养成了良好的学习习惯。在母亲的精心照顾下，李家兄弟一天天长大。与此同时，隋朝积累的各种社会矛盾也一天天暴露出来。

当时，官仓里堆积着大量的粮食，国库也十分充盈，足够天下百姓数十年之需，但百姓的生活却十分困苦。隋朝统治集团对官仓的控制十分严格，非皇帝下令，地方政府不得开仓放粮。一旦遇到灾年，百姓便流离失所，客死异乡者比比皆是，导致朝廷与百姓之间的矛盾异常尖锐。这就是唐太宗李世民曾说过的"隋文不怜百姓而惜仓库"。

更为严重的是，晚年的隋文帝变得专制起来。他独断专行，听不进臣下的意见，施政简单粗暴，持法严酷，喜怒无常，杀戮过度，又进一步加深了朝廷内部的矛盾。也就是说，隋朝的富足与太平都只是表面现象。在四海清晏的背后，隋文帝种下了"国富民弱、百官离心"的祸根，为隋朝的迅速灭亡埋下了伏笔。

开皇二十年（600年），隋文帝不顾大臣反对，废掉了嫡长子杨勇的太子之位，改立他颇为溺爱的次子晋王杨广为太子。杨勇自幼好学，喜词赋，颇有政治才华。北周时期，他曾任洛州（治所在今河南省洛阳市东北）总管、上柱国、大司马等，统领禁卫。隋取代北周自立之后，杨勇被隋文帝立为太子。杨勇品行直率，为人宽厚，优待士子，宽接大臣，堪称贤明之士。

但杨勇也有许多致命的弱点，比如奢侈、好色、易发怒。如果杨勇是一位普通的富家公子，这些缺点似乎也不至于让他丢了命，但他偏偏出生在帝王家。孤独皇后曾为杨勇挑选妃子元氏。元氏出身北魏皇室，深受独孤皇后的喜爱，而杨勇却不顾帝王家的规则，偏偏冷落了元氏，宠爱云妃、高妃和成妃等人。

元氏因多年不得召见，最终抑郁而亡。独孤皇后闻知这一情况，心中极其不悦，立即劝诫隋文帝废长立幼。独孤皇后柔顺恭孝，识达古今，又非常有政治才干。杨坚能取北周而代之，建立隋王朝，与她的劝说和帮助有很大的关系。称帝之后，隋文帝每遇大事都会与独孤皇后商议，甚至到了"惟后言是用"的地步。

因此不久，隋文帝便下令将太子杨勇贬为庶人，立晋王杨广为太子。杨广在政治和军事上皆才华出众，但却是一个善于矫揉造作、大搞欺骗伎俩之人，这一点与他的哥哥杨勇截然相反。杨勇明知独孤皇后反对男人多宠，却偏偏冷落皇后为其选择的元氏，宠爱其他妃子；而杨广却不同，他不但在母亲面前极力奉承，还整日与母亲为其选定的嫡妃萧氏居住在一起。所以，当太子杨勇被废之后，他自然而然地登上了太子的宝座。

（四）

仁寿二年（602年），隋文帝将李渊从陇州调往岐州（今陕西省凤翔县）任刺史。李渊领命，即刻准备赶往岐州赴任。此时，李渊的妻妾们又为他添了多位公子和千金，其中窦氏所生的还有三子李玄霸，且此时窦氏又已有孕在身。李渊非常高兴，决定将长子李建成和次子二郎带往岐州住一段时间，以减轻窦氏的负担。

据《旧唐书·太宗本纪》记载，有一天，一位自称善于相面的书生突然来到刺史府上，对李渊说：

"唐国公乃贵人也，日后定贵不可言！"

李渊听罢拱了拱手，谦虚道：

"李某不图富贵，只不过想为皇帝陛下尽忠罢了。"

书生笑而不语，转移话题说：

"府上不但国公是贵人，公子中也有贵人。"

李渊听到书生这么说，虽然表面上谦虚一番，内心却是十分高兴的。他立即命下人将两位公子叫到前堂见客。那书生看了看李建成，叹了口气，什么也没说，又看了看站在李建成旁边的二郎，突然躬身下拜，惊叹道：

"公子具有龙凤之姿，天日之表，贵不可言啊！将及弱冠之时，必能济世安民！"

李渊吓了一跳，大声斥责道：

"大胆！哪里来的狂徒，竟然在这里出言犯上！"

在漫长的封建社会里，只有皇帝和皇后才能以龙凤自喻。因此书生说二郎有"龙凤之姿"，又说他将及弱冠之时能够"济世安民"，李渊怎能不害怕呢？万一这话传到隋文帝耳朵里，那可是灭门之祸！

为防万一，李渊打算杀掉书生灭口。他刚要下令，那书生忽然不见了，怎么找也找不着了！李渊不由得惊叹道：

"真乃神人也！"

经过这件事之后，李渊便采用书生所说的"济世安民"之义，给二郎取名为世民。

史书上的这段记载明显具有演绎色彩，不足信。这很可能是李世民当上皇帝之后，史官为宣扬皇帝的与众不同而附会上去的。不过，李世民的名字确实有"济世安民"之意，这一点是毋庸置疑的。由此看来，李渊确实比较偏爱李世民，而且在其身上寄予了厚望。就这样，在父亲的殷切期望之中，李世民逐渐成长为一个健壮的少年。

就在此时，隋朝的政治环境进一步恶化。仁寿四年（604年）初，隋文帝突然病重，太子杨广监国，处理一切军国大事。不久，隋文帝便不明不白地死了。据《隋书》的字里行间推测，很可能是杨广迫不及待地要登上帝位，下毒害死了自己的父亲。

隋文帝死后，太子杨广顺理成章地登上了皇帝的宝座，史称隋炀帝。次年，隋炀帝改元大业，正式掌握了军国大权。

隋炀帝上台后，立即改变了以往恭顺、节俭、仁孝的面目，在全国范围内广征民工，营建东都洛阳、开凿大运河。他每年役使的民夫多达数百万人，从五岭、江南地区向北方运送奇材怪石，营建奢华的宫殿楼台，以供享乐；又役使数百万人开凿大运河，以沟通长江、淮河和黄河水系，将南粮运往粮食相对匮乏的北方。

荒淫无度的隋炀帝开凿运河还有另外一个目的，而且是主要的目的，那就是到富庶繁华的江南去游玩。黄河、淮河、长江水系沟通之后，他便可以从东都洛阳直接乘船由黄河转道运河抵达江南了。

繁重的徭役给百姓带来了深重的苦难。史书记载，许多百姓为了躲避徭役，不惜自残肢体，称为"福手""福足"。由此可见，百姓的处境到了何种悲惨的地步！苦不堪言的百姓开始相互联络，准备发起反隋起义，隋朝瞬间就从开皇盛世进入了"山雨欲来风满楼"的末世阶段。

第二章　娶长孙氏

心随朗月高，志与秋霜洁。

——（唐）李世民

（一）

李家世代为武将，身上又有鲜卑族的血统，历来崇尚武学，骑射征战是家族教育的重要内容。作为嫡次子，李世民自然要接受武学教育。据史籍记载，李世民有同胞兄弟四人，即大哥李建成、三弟李玄霸和四弟李元吉，而庶母所生的兄弟更是多达15人之多。在一个贵族家庭之中，有这么多兄弟整日在一起学文习武、玩耍游乐，其中的乐趣可想而知。

不过，兄弟之间的竞争与勾心斗角也在所难免。作为嫡子，父母对李建成、李世民等兄弟的要求自然要比对其他兄弟更严格一些。而李世民也深知这一点，因此对自己的要求也十分严格。据说，李世民少年时就生得身材魁梧，相貌清奇，双臂力大无穷。他给自己选的箭都要比兄弟们所用的大一号。

到十几岁时，李世民就已经掌握了各种兵器的使用技巧，其中尤以弓箭最为娴熟。他能在百步之外"射洞门阖"。所谓"射洞门阖"，就是一箭将门板射穿。由此可见，李世民的臂力是多么惊人。

除了常规的骑射外，诵读兵书也是李家子弟必须学习的内容。在众多古代兵书之中，李世民最喜欢三国时期曹操所注释的《孙子兵法》。据说他在十几岁时就能将《孙子兵法》背诵如流，而且还能同父亲一起谈论兵策。李世民在诸兄弟中出类拔萃的表现让李渊十分欣慰。

隋炀帝即位后，李渊先后被任命为荥阳（郡治在今河南省荥阳市）太守。隋炀帝时期的太守与隋文帝时期的刺史实际是同一级别的官职，均为一郡的行政长官，只不过隋文帝时将郡称为州，遂名刺史。由此可见，李渊在王权更迭之时并没有得到重用。

据史书记载，这很可能是因为李渊看不惯隋炀帝的种种做法，不愿随波逐流，才在太守的职位上逡巡多年。李渊喜爱良马，在太守府里养了许多西域和北疆进献的宝马。而隋炀帝是个声色犬马之徒，对良马的喜爱几乎达到了痴迷的程度。窦氏深知这一点，曾多次劝说丈夫：

"皇上的性情你是知道的。他十分喜好这些东西，你为何不挑选几匹良马献上去？将这些东西留在家里，迟早会招来祸患，不会有什么益处。"

一来不愿割爱，二来对隋炀帝的表现十分不满，李渊并没有把夫人的劝告当回事。结果不久，他就遭到了隋炀帝的谴责。而这一事件导致的直接后果便是李渊在荥阳太守任期届满后并没有迎来他期待的升迁，只是被调到相对偏远的楼烦（郡治在今山西省宁武县）继续担任太守。

大业六年（610年），隋炀帝大量从民间征召物资，并集结了上百万的部队，准备东征辽东，攻打高丽。当时，社会矛盾已非常尖锐，隋炀帝在这时发动对外战争无疑会进一步增加百姓的疾苦。隋炀帝东征是以东莱（今山东省龙口市）和涿郡（今河北省涿州市）为军事基地的，因而今河北、山东地区的百姓负担最为沉重。

大业七年（611年），山东、河北等地发生了百年罕见的大水灾，30余个郡县被淹，大批农民在徭役负担沉重、食不果腹衣不蔽体的情况下被迫离开土地。而隋炀帝却不顾灾民死活，依然强行从民间征兵征物，让本来已疲惫不堪的百姓更加苦不堪言。就在这一年的冬季，邹平（今山东省邹平县东北）人王薄自称"知世郎"，率领饥民登上长白山（今山东邹平、章丘诸县交界处），举起了反隋的第一面大旗。

王薄作了一首《无向辽东浪死歌》，其中有"譬如辽东死，斩头何所伤"之句。贫苦农民"避征役者多归之"，起义队伍迅速壮大起来。一时间，山东、河北等地的农民纷纷响应，各地扯起的反隋大旗者不计其数。

在这种背景下，隋炀帝于大业八年（612年）发动的第一次东征高丽的战争毫无悬念地以失败告终了。隋军损失惨重，丢失的物资不计其数，伤亡的士卒亦达数十万之多。

（二）

风起云涌的农民起义和第一次东征的失败并没有唤醒昏聩的隋炀帝。他一面继续过着花天酒地的生活，一面着手准备第二次东征。不过，隋炀帝已经隐隐感到了威胁。为防止被刺客暗杀，他征调了大量的近亲到宫中为官。这时，他的姨表兄李渊也被调往都城长安（今陕西省西安市），担任殿内少监之职。殿内少监是掌管宫中营造、花费和皇帝日常起居的官员。由此可见，李渊虽然不受重用，但隋炀帝对他还是十分信任的。

大业九年（613年），隋炀帝再一次发起了东征高丽的战争。李渊被任命为卫尉少卿，前往军事重镇怀远（今安徽省怀远县）督运粮草。沉重的徭役和兵役迫使更多的百姓纷纷加入到起义军的队伍中。山东、河北等地的起义军已经多达十几支，其规模少则数万，多则十余万人。隋末的农民起义掀起了第一次高潮。

在农民起义浪潮中，统治集团内部的矛盾也日益尖锐起来。正当隋炀帝亲率大军在辽东与高丽激战之际，负责督运粮草的礼部尚书杨玄感在黎阳（今河南省浚县东南）起兵反隋，企图夺取国家政权。

杨玄感出身名门，权势显赫。他的父亲杨素在杨坚代北周而自立的过程中功勋卓著，又曾与时为晋王的隋炀帝一起率部攻灭陈朝，深得隋文帝的器重。在开皇和仁寿年间，杨素历任御史大夫、内史令等要职，拜爵越国公。后来，晋王杨广为培植亲信势力，夺取皇位，多次与杨素勾结。杨素也深知杨广有篡位之心，遂投其门下。杨广登基之后，杨素官拜尚书令，次年又进位司徒，改封楚国公。

杨玄感在父亲的荫庇之下，官至上柱国、礼部尚书，手握重兵，拥有起兵反隋的先天条件。隋炀帝发动第二次东征高丽的战争时，杨玄感奉命在黎阳督粮。他见隋军在前线屡屡失利，四方民变不息，而满朝之中都是父亲的门生故吏，便与弟弟杨积善滞留粮草，屯兵于黎阳，发兵围攻东都洛阳。

杨玄感敏锐地捕捉到了起兵反隋的大好时机，成为第一个起兵反隋的贵族。然而，他却在军事战略上犯下了致命的错误——他既没有联络各地起义军，加强自身的力量，也没有避敌锋芒，攻其薄弱之处，而是选择围攻重兵把守的东都洛阳。这一战略上的失误将杨玄感和他的起义军送上了绝路。

杨玄感的起义注定要失败，但他起兵反隋却在客观上成就了李渊。杨玄感与李渊同为督粮官，有许多日常往来。李渊敏锐地意识到了杨玄感要谋反，立即八百里加急，派人前往辽东上奏隋炀帝。

隋炀帝在政治上犯了许多错误，但却不失为一个军事天才。他得到杨玄感起兵反隋的消息之后，没有一丝慌乱，然后一面命李渊前往弘化郡（今甘肃省庆阳县）担任留守，节制关右十三郡的兵力，以防杨玄感西入关中，一面又命远征高丽的大军从战斗中脱身，驰援洛阳。

杨玄感围攻洛阳四五十天，没有任何进展，自身的损失却十分惨重。在这种情况下，隋炀帝的大军突然杀到，杨玄感所部内外受敌，慌忙向西撤退，西入关中。这时，杨玄感又一次犯了战略错误，关中是隋朝的心脏腹地，军事力量强劲，他西入关中等于是自寻死路。

隋炀帝一面命令关中各地的守军堵截杨玄感，一面紧追不舍。杨玄感连战连败，遂与数十个骑兵窜逃林木间，欲奔往上洛（今山西省商洛市）。隋军依然紧追不舍，杨玄感自知处境窘迫，无处可逃，便让弟弟杨积善杀了自己。

杨玄感起兵反隋之后，隋朝统治集团内部的分裂日益加剧，隋炀帝对臣子也由猜忌而到忌恨，动不动就大发雷霆，诛杀大臣。一时间，满朝文武人人自危，唯恐项上人头不保。杨玄感起义被镇压下去之后，隋炀帝曾征召李渊入朝议事，但碰巧当时李渊身患重病，未能按时觐见。

李渊有个姓王的外甥是隋炀帝的近侍。有一天，隋炀帝突然问他：

"你的舅舅为什么没有应召入宫？"

李渊的外甥回答说：

"舅舅病重，因此未能按时入宫觐见。"

隋炀帝听后半信半疑，没好气地说：

"可知道他死了没有？"

不久，这件事便传到了李渊耳中。李渊吓得跌坐在椅子上，半晌没说一句话。

就在这时，大将军李金才因家族子弟多为朝中重臣而受猜忌，被隋炀帝以莫须有的罪名满门抄斩了。当时，民间正流传着一首题为《桃李章》的歌谣，大致意思是说，取代杨氏而得天下者必定是姓李的。

或许是李金才平日里行为不慎，隋炀帝便怀疑他有称帝之心。李金才姓李，李渊也姓李，何况他与李金才的势力不相上下，隋炀帝能杀李金才，就能杀李渊！为了自保，李渊急忙搜集一些奇珍异宝，派人送往长安，以供隋炀帝享用，而他自己则整日纵酒取乐，以示自己胸无大志，没有窥伺国家政权的野心。

（三）

李渊为什么要假装沉迷于酒色呢？难道他仅仅是为了自保吗？事实上，在农民起义风起云涌、隋朝统治摇摇欲坠之时，李渊也产生了起兵反隋的想法，只不过他要比杨玄感聪明得多。他知道此刻时机尚不成熟，一则隋朝的统治尚未烂到根上，无法轻易撼动其根本；二则李渊手中仅有关右十三郡的兵力，还不足以与隋朝的大军相抗衡。因此，他不敢贸然而动，只得装出一副胸无大志的样子。

面对这种境况，妻兄窦抗曾跑来对李渊说：

"杨玄感已经为天下作出了表率。李氏是陇西的名门望族，可以趁机起兵，这正是上天给你作出的启示啊！"

李渊一听，慌忙让窦抗住口，低声道：

"切不可乱说，这会召来大祸的！"

在百般努力之下，李渊渐渐得到了隋炀帝的信任，隋炀帝也产生了委李渊以重任的想法。

　　正是在这种背景下，16岁的李世民也迎来了他的姻缘。在长辈们的安排下，李世民迎娶了13岁的长孙氏。在今天看来，新郎16岁，新娘仅有13岁，是不折不扣的早婚，但在当时的贵族之家，早婚早育是非常正常的事情。

　　长孙氏是河南洛阳人，是已经汉化的鲜卑贵族。长孙家族本是北魏的皇族拓跋氏，因为祖先中有人担任过皇室的宗室长，遂改复姓长孙。据史籍记载，长孙家族从北魏到隋朝时期均为钟鸣鼎食之家，权势显赫。

　　长孙氏的祖父长孙兕曾任北周的左将军，手握重兵，堪比一方诸侯。她的父亲长孙晟则为隋朝的后骁卫将军。长孙晟与李渊的关系十分密切，两人均是足智多谋、骁勇善战之人。据说，长孙晟射技高超，与李渊不相上下。他多次出使突厥，曾向隋文帝建议对突厥实行"远交而近攻，离强而合弱"的分化政策。隋文帝十分欣赏这一政策，立即仿照实施，效果良好。

　　长孙氏的母亲是隋朝治礼郎高士廉的妹妹。与长孙家族、李氏家族一样，高家也是北魏至隋朝这一历史时期的贵族，权势显赫，名人辈出。唯一不同的是，长孙家族与李氏家族均世代为武将，而高氏家族则世代为文官。

　　长孙晟与高氏育有两个孩子，一男一女，长子名为长孙无忌，幼女则是嫁与李世民的长孙氏。从长孙氏的父辈、母辈的血统来看，李世民与长孙氏的婚姻堪称门当户对。在漫长的封建时代，贵族之家所谓"门当户对"的婚姻，其实大多是政治联姻，是强强联合以求自保的一种手段。

　　可惜的是，长孙晟在大业五年（609年）便因病去世了，长孙无忌和长孙氏实际上是由他们的舅舅高士廉抚养长大的。高士廉是渤海的名门贵族，素有才望，精通文史。从武将世家转到书香世家接受教育，对长孙无忌与长孙氏的性格养成起到了非常重要的作用。据史书记载，长孙无忌抛弃武学而好文史，长孙氏亦"少好读书，造次必循礼则"。

长孙氏的文化修养和品德修养与李世民好武之性达成了互补。丈夫以武力征服国家，妻子则劝诫丈夫以文史治国。毫不夸张地说，唐朝历史上出现的"贞观之治"也有长孙皇后，即李世民的妻子长孙氏的功劳。

由于史书没有记载，人们无法知道李世民夫妇婚后的生活情况。不过可以肯定的是，他们的婚姻应当是十分幸福的。然而人生并非任何事情都美满如意，正当李世民沉浸在新婚的幸福之中时，他的母亲窦氏突然病逝了。

母亲的病逝对李世民打击很大。数年之后，父亲做了大唐王朝的开国皇帝，李世民也已经贵为秦王，但母亲窦氏的身影依然时常浮现在他的面前。有一次，李渊在宫中举行了盛大的家宴，李世民侍宴宫中。面对着父亲左右的妃嫔，李世民忽然想起母亲，竟然唏嘘流涕，不能自禁。父亲问他为何哭泣，李世民回答说：

"儿臣因念及母亲未能见到父皇贵有天下的盛况，百感交集，不能自已，是故唏嘘！"

李渊闻言，沉默半晌，心中也感慨万千。由此可见，窦氏在李氏父子心中占据的位置是何等重要。

第三章　初显才华

水能载舟，亦能覆舟。

——（唐）李世民

（一）

大业十年（614年），一意孤行的隋炀帝不顾风起云涌的农民起义，又强行发动了第三次东征高丽的战争，但这次东征比前两次的失败更加彻底。隋朝的大军刚刚抵达前线，隋炀帝便不得不命令大军回师，全力镇压农民起义。此时，农民起义军已从山东、河北发展到河南、江淮、山西、关中等地，而且有联合起来对抗隋军的迹象。

隋炀帝慌忙调兵遣将，前往各地镇压轰轰烈烈的农民起义。大业十一年（615年）春，李渊奉命前往山西、河东（今山西省西南部，郡治在今永济县蒲州镇）担任慰抚大使，前去镇压当地一支由毋端儿为首的起义军，李渊还推荐他的好友夏侯端为副将。

夏侯端颇知"玄象"，他预测隋炀帝的皇帝宝座不稳，便劝李渊说：

"金玉床摇动，此帝座不安……如今天下大乱，能够平定天下的唯有明公。但当今皇上性情残暴、多疑，又最忌讳朝中诸位李姓大臣。所谓'强者先诛'，李金才已经死了，明公岂非其次？如果早打

19

算，则能顺天应时；如若不然，明公的结局恐怕会和李金才一样。"

李渊深以为然，他嘱咐夏侯端说：

"但如今我等手中没有足够的兵力和钱粮，不可冒险行事。礼部尚书杨玄感之事当为前车之鉴。"

从史书的这些记载看来，李渊早在大业九年就已产生起兵反隋的想法，并在暗中积蓄力量了。一些史料为了神话李世民，将李渊起兵反隋的功劳完全记在李世民的头上，这是不符合历史事实的。至于那些说李渊"荒淫无道"的言论则更是史官为衬托李世民的贤明而捏造出来的。实事求是地说，李渊同李世民一样，不失为一位旷古奇才。

李渊在抵达山西之后，立即率兵攻击盘踞在龙门（今山西省河津市西北）一带的毋端儿起义军。他"射七十发皆中，贼败去"，又攻击绛州（今山西省新绛县）以柴保昌为首的起义军，"降其众数万人"。由此，山西一带农民起义军的势头大为削弱。

由于史书没有记载，人们无法知道李世民有没有参加攻击毋端儿和柴保昌两支农民起义军的战斗。不过据《旧唐书·高祖本纪》记载，李渊是携带家眷前往山西的，因此李世民经历这两场战斗的可能性很大。

得知李渊大败农民起义军，隋炀帝大喜，重重嘉奖了李渊。李渊也不失时机地按照已故窦氏的建议，多选良马送给隋炀帝，以博得他的欢心。

同年秋天，隋炀帝亲自巡视北部边疆。在中原的农民起义风起云涌之际，盘踞在塞外的突厥也乘机骚扰隋朝的北部边疆。突厥是隋朝时北方最为强大的游牧民族。早在南北朝后期，突厥的势力就逐渐强大起来，成为对中原威胁最大的游牧民族。

到隋朝初年，在隋文帝杨坚和隋炀帝杨广的不断打击下，突厥分裂为东西两部，分别称东突厥和西突厥。自此，突厥的势力渐渐衰落，并开始北迁，不敢在骚扰隋朝的边疆了。但在大业末年，东突厥又趁隋朝自顾不暇之际逐步强大起来，再次向隋朝发起挑战。

当时，东突厥的首领称始毕可汗，其妻是隋朝的义成公主。在漫长的封建社会，以和亲方式笼络周边少数民族是十分普遍的方法。义成公主是隋朝宗室之女，即隋炀帝杨广的侄女。早在开皇年间，隋文帝杨坚便将义成公主嫁给东突厥的启民可汗。大业五年（609年），启民可汗病逝，其子咄吉继位，即始毕可汗。按照突厥兄亡弟继、父亡子继的婚俗，义成公主又成了始毕可汗的妻子。

始毕可汗得知隋炀帝抵达了北部边疆，立即召集数十万铁骑，准备偷袭他的车队。义成公主担心隋炀帝会吃亏，急忙写了一封信派人星夜通知叔父。隋炀帝虽然提前得到了始毕可汗企图偷袭车队的消息，但依然无济于事。因为突厥皆为骑兵，机动性很强，还没等隋炀帝反应过来，雁门郡城（今山西省代县西）便被包围了。

几天之内，雁门郡所辖的41座城池便有39座被突厥占领，唯有雁门与崞县（今山西省原平北）两座城池尚在隋军手中。隋炀帝大惊失色，一时之间竟不知如何是好。当时有人主张率领雁门城内的15万军民力战，但遭到隋炀帝的反对，因为城内的粮草仅够维持20天了。

大臣樊子盖提出，不如坚守雁门，同时征调四方军队勤王，以退强敌。隋炀帝接受了樊子盖的建议，一边慰劳、赏赐守城的将士，一边亲自写了诏书，系在木棍上，"投汾水而下，募兵赴援"。

（二）

在隋炀帝被围于雁门之时，18岁的李世民刚刚应招入伍，隶属于屯卫将军云定兴营，驻扎在五台山脚下。五台山与雁门相去不远，因此云定兴营很快就得知隋炀帝召四方之兵勤王之事了。但云定兴将军却一筹莫展，他所部仅有数千人，根本无法跟始毕可汗的数十万大军相抗衡。

据史书记载，李世民当时所担任的军职大概是云定兴的幕僚，相当于今天的参谋人员。他认真分析了敌我的形势，果断地提出了多设旗鼓以为疑兵的策略，以达到不战而退人之兵的目的。

云定兴对李世民的建议很感兴趣，问道：

"你怎么知道此计可行？"

李世民回答说：

"突厥之所以敢围困我大隋天子，主要是因为我军在雁门一带的防御薄弱，而周边又没有能够迅速抵达的援军。如果将军率部前行数十里，白天打着旌旗，晚上擂响战鼓，虚张声势，让突厥以为我们的主力部队已经前来增援，那突厥十有八九会自动退兵。但如果让突厥知道了我们的真实力量，胜负就不好说了。"

云定兴认为李世民说得很有道理，便采纳了他的的建议。于是，云定兴率部日夜兼程，让士卒们个个扛着旌旗，挂着战鼓，往崞县方向移动。突厥的侦察兵见隋军往来不绝，果然向始毕可汗报告说：

"隋朝的援军马上就要到了！"

始毕可汗大惊，急忙命令部队后撤，弃雁门而去。

这段记载出自《旧唐书·太宗本纪》，似乎夸大了李世民在破解雁门之围过程中的作用。而《隋书·樊子盖传》中的记载是：隋炀帝向四方发出勤王的诏令之后，"援兵稍至"，突厥方才退兵。当然，"援兵稍至"中的援兵就包括了云定兴营。

今天看来，这种记载应该比较符合历史事实。破解雁门之围并非全部是李世民的功劳，但李世民的功劳也确实不小。无论如何，人们都不得不承认，首次登上战场的李世民就崭露头角，表现出了杰出的军事才华。

如果说在破解雁门之围过程中，李世民还仅仅是牛刀小试的话，在镇压甄翟儿起义军之役中就大放异彩了。由于李渊在山西、河东慰抚大使的职位上颇有建树，而且又按照窦氏生前的建议，多次向隋炀帝进献鹰犬异驹，隋炀帝遂于大业十二年（616年）提拔他为右骁卫大将军，赴太原道任安抚大使。

据说，得到将军之职后，李渊回想起夫人当年的劝告，动情地对儿子们说：

"如果能早些听取你们母亲的劝告，为父可能很早就是将军了。"

说着说着，李渊不禁落下泪来。孩子们也都不能自已，低声啜泣起来。

接到任命之后，李渊便把长子李建成和四子李元吉安置在河东，将李世民带到太原。此时，他的三子李玄霸已经夭折。在一些文学作品中，人们往往将李玄霸描写成力大无穷的勇士，是李渊起兵反隋的功臣。但这只是文学演绎而已，并非历史事实。

李渊之所以把李世民带在身边，可能与他雁门献计解围有关。或许，李渊从李世民身上看到了为将的潜质，有意要培养他。李世民随父来到太原后，不久便参与镇压了甄翟儿农民起义军的战役。

甄翟儿是魏刀儿起义军的一支，自称"历山飞"，拥众十余万人，且北连突厥，是太原道一带实力最强的农民起义军。大业十二年，甄翟儿率众骚扰太原，隋军将领潘长文率部抵抗，因寡不敌众而战死。

李渊正是在这种背景下抵达太原的。李渊到任之后，一边采取积极策略北御突厥，一边与农民起义军周旋，战功赫赫。大业十三年（617年），隋炀帝遂命李渊为太原留守。为彻底消灭甄翟儿，隋炀帝命令李渊主动出击。为此，李渊与副留守王威一起率五六千人主动向甄翟儿发动攻击，与两万多农民起义军大战于西河郡雀鼠谷（今山西介休县和霍县之间）。

由于寡不敌众，李渊所部被围。在情急之中，李渊采用了李世民雁门解围的策略，"分所将兵为二阵……多张幡旗……以为大阵"，让甄翟儿产生了疑虑。就在这千钧一发之际，李世民率部抵达，率领轻装骑兵突围而入，杀出一条血路，救出了李渊。

（三）

到大业十三年，农民起义的战火已经燃遍了中华大地，隋朝的统治岌岌可危。在反隋斗争中，各地农民起义军以联合或兼并的方式逐渐形成了三支力量强大的武装：在河南，以翟让、李密为首的瓦岗军实力最强大；在山东、河北一带，以窦建德为首的起义军次之；在江淮大地，以杜伏威、辅公祏为首的起义军也不可小觑。

在农民起义军的强大冲击下，隋朝统治集团进一步分化，各地豪族和地方官员相继聚众反隋，割据一方，其中称帝称王者亦不在少数。，

眼见隋王朝灭亡在即，李渊也加紧了起兵反隋的准备。恰在此时，突厥又大举南犯，隋炀帝急忙命令李渊和马邑（今山西省朔县）太守王仁恭并力抵抗。因突厥兵盛，李渊与王仁恭所部不敌，损失惨重。隋炀帝闻讯后大怒，立即派使者前往太原，要押解李渊和和王仁恭到江都治罪。当时，隋炀帝正在江都的行宫中过着酒池肉林的昏暗生活。

李渊立即与李世民商议对策，李世民对父亲说：

"父亲切不可前往，李金才事件可是前车之鉴啊！"

李渊深以为然，对李世民说：

"隋历将尽，我李家顺天应时，将取而代之。现在之所以不起兵，是因为你兄弟诸人还没有齐聚一处。如今遭此横祸，你们兄弟应当齐心协力，方能保住李家的基业，不至于被天下英雄所笑。"

听完父亲的话，李世民大声说：

"芒砀山泽可以容纳兵马。父亲何不学习汉高祖刘邦，占据芒砀山，以观时变呢？"

李渊深知隋炀帝的性格，他没有奉诏前往江都定然已引起了怀疑，自己的生命危在旦夕，因此起兵之事只能交给孩子们。然而令他感到意外的是，隋炀帝竟在几天之后就赦免了他的罪过。

隋炀帝这样做不外乎两方面的原因：一则，他胡乱诛杀大臣已经引起朝中文武的不满；二则，朝中像李渊这样能够率兵镇压农民起义、抵抗突厥入侵的将军已经不多了。

李渊惊魂甫定，立即命令长子李建成和四子李元吉在河东"潜结英俊"，命令李世民在晋阳（今山西省太原市晋源区）"密招豪友"。当时的李世民虽然只有20岁，但身边的朋友却很多。长孙氏的叔叔长孙顺德，晋阳令刘文静，落拓江湖的刘弘基、窦琮，晋阳宫监裴寂等人，与他的关系都相当密切。

据史书记载，刘文静"伟姿仪，有器干，倜傥多权略"。隋朝末年，刘文静为晋阳令，裴寂则为晋阳宫监。两人过往甚密。刘文静见到李渊之后，认为他"有四方之志"，因此暗中与李渊结交。很快刘文静又发现，李渊的次子李世民比李渊更加有才干，所以他又渐渐转向李世民。一次，他对裴寂说：

"李世民非常人也。以刘某看来，李世民的气度不输于汉高祖刘邦，神武同于魏武帝曹操。他虽然年轻，实乃天纵之英才！"

不久，刘文静因与瓦岗军的首领李密结为姻亲而被隋炀帝投入太原大狱。李世民买通狱卒，要他们好生照顾刘文静，而且他自己也多次秘密前往狱中探望刘文静。刘文静见李世民在自己落难之时非但没有落井下石，反而雪中送炭，极为感动。他坦诚地对李世民说：

"如今天下大乱，如果没有商汤、周武王、汉高祖、光武帝这样有才学的人，是不能安定的啊！"

李世民微微一笑，回答说：

"先生怎么知道当今世上没有像商汤、周武王、汉高祖和光武帝这样的人才呢？只不过是平常人无法识别罢了。世民今天来到这禁所看望先生，并不仅仅因私人感情而担忧先生的安危。如今时机已经成熟，特来与先生商议起兵的大事，还请先生仔细筹划。"

刘文静见李世民如此坦诚，心下大喜，认为自己没有看错人。他沉思片晌，缓缓说道：

"如今李密的瓦岗军长期围困东都洛阳，其他各地起义军或占据州郡，或阻碍山泽，皇上却在江都享乐，这正是取天下的大好时机啊！如果公子能协助令尊应天顺人，举旗大呼，何愁四海不定呢？"

李世民听完刘文静的话，马上问道：

"何以定四海？"

刘文静微笑道：

"如今太原的百姓受盗贼之苦，大多入城躲避。文静在此为官数年，深知隐藏在百姓中的豪杰。如果文静发出号令，一天之内便可得十万人。令尊大人贵为唐国公，手中又有数万士卒，他一旦发出号令，谁敢不从？公子与令尊大人如果能率领这十几万士卒乘虚入关，号令天下，不足半年便可成就帝业了。"

李世民听罢刘文静的一通议论，深深一躬，低声道：

"先生之言正合世民之意。"

第四章　劝父起兵

致安之本，惟在得人。

——（唐）李世民

（一）

虽然李渊已经在秘密筹划起兵反隋的相关事宜，但他并没向李世民透露太多。李世民毕竟还只是一个20岁的青年，李渊担心他定力不够，会无意中将他们的计划透露出去，招来杀身之祸。

因此，李世民眼看群雄并起，可父亲却始终无动于衷，不免有些着急。为了促使父亲趁早起兵，李世民决定通过裴寂劝说李渊。裴寂与李渊是旧识，关系甚密。裴寂这个人虽然深谙谋略，但却有一个致命的缺点，那就是嗜赌如命。李渊为了掩人耳目，也常常与裴寂在一起通宵达旦饮酒、赌博作乐。

据《旧唐书·太宗本纪》记载，李世民投裴寂所好，私下出钱数百万，让龙山令高斌廉与裴寂赌博，并故意输钱给裴寂。裴寂赢了很多钱，心里自然高兴，便整日与李世民游乐。李世民见时机差不多了，便将自己与刘文静密谋之事告诉他，并希望他劝说李渊尽早起事。裴寂性格豪爽，他见李世民如此厚待自己，又念及刘文静曾经的议论，便一口答应下来。

一天，裴寂应邀前往李渊的府中饮酒。席间，裴寂突然说：

"饮酒岂能没有歌舞，待小人命人在行宫中物色两名舞姬前来助兴！"

李渊大惊道：

"让行宫中的舞姬来助性？这可是死罪啊！"

裴寂笑而不语，命人去选了两名姿容艳丽的舞姬前来。酒至半酣，裴寂突然离座，向李渊深深一躬，大声道：

"二郎秘密征召兵马，欲起兵反隋，明公是否知道？如今裴某招来行宫中的舞姬为明公助性，此乃死罪！一旦事发，明公与裴某的身家性命恐怕都保不住了。如今天下大乱，城门之外皆是盗贼。如果明公还拘泥于小节，旦夕之间便会丧命；如果如二郎所言，举义兵反暴隋，必得天位。如今众人已经商议定了，明公意下如何？"

李渊没想到李世民竟有此等胸襟和胆识，心中不由佩服。他沉思片响，对裴寂说：

"我儿诚有此计，既然事已至此，我们就依计而行吧。"

关于李世民劝说李渊起兵反隋一事，《旧唐书·刘文静传》与《资治通鉴》中也都有记载。虽然情节略有差异，但殊途同归，均表现了李世民敏锐的政治目光。自此之后，李世民、裴寂和刘文静便成为李渊起兵反隋的中坚力量。起兵反隋必须公开募兵，而此举必然会遭到隋炀帝委派来监视李渊的副留守高君雅和王威的警觉。怎么办呢？李渊急忙令李世民与刘文静商议对策。

此时的刘文静已经出狱，官复原职了。面对以上难题，刘文静对李渊说道：

"如今盗贼蜂起，交通阻断，刘某可矫诏征兵伐辽，令百姓自动投到明公的麾下。"

不久，刘文静便以晋阳令的身份诈称接到皇帝诏书，征太原、河西（黄河以西）、雁门、马邑等地20—50岁的男子为兵，在涿郡集结，准备东征高丽。消息传出后，百姓议论纷纷，均对隋炀帝再次征伐高丽愤怒无比。为躲避兵役，百姓果然纷纷投到李渊麾下。

恰在此时，马邑人刘周武杀死太守王仁恭，自称皇帝，起兵反隋，同时与突厥勾结，率兵南侵，攻陷楼烦，占据了汾阳行宫。

李渊抓住这一有利时机，对副留守高君雅和王威两人说：

"如今刘周武占据了汾阳行宫，我等为武将，却不能制止，这是灭族的死罪啊！依两位之见，我们应该怎么办呢？"

高君雅和王威闻言大惊失色，慌忙道：

"请明公示下！"

李渊故意假装很为难的样子说：

"朝廷用兵，向来要向皇上禀告。而今，刘周武就在数百里内，而皇上却在三千里外的江都。再加上这一路盗贼蜂起，山水阻隔，恐怕无法向皇上禀明了，这可真是进退维谷啊！怎么办才好呢？"

高君雅和王威不知李渊的话中已经布下了圈套，正等着他们往里钻呢。因此，二人回答说：

"明公乃皇亲国戚，又贵为唐国公，与我大隋朝休戚相关，当务之急是马上平定盗贼。如果向皇上禀奏，恐怕要贻误战机。既然如此，明公专断就可以了！"

李渊又装出一副很为难的样子，缓缓说道：

"如今看来也只有如此了。刘周武势力强大，我们应当先招募士卒，再作打算。"

高君雅与王威马上深深一躬：

"一切皆听从明公指示。"

就这样，李渊命李世民与刘文静、长孙顺德、刘弘基、窦琮等人四处招募士卒。不到半个月，他们便募兵近万人，驻扎在兴国寺。李渊命刘文静、长孙顺德、刘弘基、窦琮等人统领。与此同时，李渊又秘密派人前往河东和长安，令长子李建成、四子李元吉和女婿柴绍迅速前来太原。

（二）

正所谓"智者千虑必有一失"，李渊一时只顾着重用长孙顺德、刘弘基和窦琮等人，却忘了他们都是浪迹江湖之人，本来都是隋朝的逃犯。高君雅、王威见李渊非但没有法办长孙顺德等人，反倒委以重任，遂心生疑虑。

就在此时，李渊又令王威兼任太原郡丞，令高君雅守备高阳（今河北省高阳县）。很明显，李渊是试图支开高君雅和王威，让他们不能过问军中的重要事务。

高君雅和王威这才明白李渊募兵的真实意图。他们立即派人把行军司刑官武士彠叫来，问道：

"长孙顺德和刘弘基都是逃避征伐辽东的罪犯，论罪当诛，怎么能让这样的人统率士兵呢？"

武士彠早已发现李渊有起兵之意，但他与高君雅和王威不同，他已经意识到隋朝马上就要灭亡了。与其与隋炀帝一起死，倒不如跟随李渊起兵，说不定还能在新王朝混个一官半职。因此，他袒护李渊说：

"这两个人论罪当诛，但他们都是唐国公的门客。如果就此事责难国公的话，必定会引起不小的纠纷。"

听了武士彠的话，王威和高君雅这才没有责难李渊。但为了博得隋炀帝的欢心，他们决定秘密逮捕李渊父子。为增强实力，他们还拉拢了晋阳乡长刘文龙等人。

当时，晋阳一带久旱无雨，百姓困苦不堪，李渊决定率部将与当地的文官到晋祠求雨，以安百姓之心。王威与高君雅决定利用李渊父子齐聚晋祠之际，将其一网打尽。因此，他们与刘文龙秘密商议了此事。

但是让王威和高君雅没想到的是，刘文龙与李渊早已相识，而且关系密切。因此，刘文龙毫不犹豫地将王、高两人的密谋告诉了李渊。李渊闻言大惊，知道自己的计划已经暴露。他对刘文龙说：

"当今之际，唯有委屈先生继续与王、高二人交往，以免打草惊蛇，余下的事情就交给李某吧！"

李渊一边秘密调集了500名甲士，命长孙顺德等人率领，埋伏在晋阳宫城东门的左面，加强戒备；一边密令鹰扬府司马刘政会等人编造文件，诬告王、高二人勾结突厥，企图谋反。

一切准备停当之后，李渊便召副留守高君雅与王威二人到留守府议事。三人刚刚坐定，刘文静便领着刘政会来到前厅，李渊忙起身问道：

"刘司马此来何事？"

刘政会大声说：

"下官截获一封密函，书函者与突厥勾结，企图谋反。"

李渊目视王威等人，令其取密函观看。刘政会不肯将密函交给王威，大声道：

"与突厥勾结的人正是两位副留守，岂可将密函交给他们？请明公亲自视之！"

李渊故作惊讶地说：

"怎么会有这样的事情？"

说话间，刘政会将密函递给李渊。李渊打开密函，只扫了一眼，便佯装大怒道：

"岂有此理！两位世受国恩，竟然干出这等卖国求荣之事！来人，马上将高君雅与王威二人逮捕入狱！"

高君雅与王威这才意识到自己已陷入李渊设好的圈套。他们一边振臂大骂，一边企图冲出府去。但一切都已经晚了，刘文静与刘弘基、长孙顺德等人早已带着500名甲士将守住了各处要道。王威、高君雅二人甚至还没来得及反抗，就被逮捕入狱了。

历史有太多的巧合，而这些巧合则在客观上成就了一些必然事件。就在高君雅和王威被捕的第二天，突然有数万突厥骑兵突入晋阳外城。李渊一边急命裴寂等人将士卒藏在民房中，准备迎敌，一边下令打开所有的城门，放突厥入内。突厥士卒见城门大开，街上没有一个隋朝士兵，唯恐中了埋伏，便匆忙从东门离去。

结果这一偶然事件让晋阳百姓坚定不移地认为高君雅和王威确实与突厥有勾结。就这样，李渊下令处死了高、王二位副留守。这一事件标志着李渊父子正式在晋阳起兵反隋了。

（三）

处死高君雅与王威之后，李渊援引西汉霍光的故事，开大将军府，自称大将军，任命裴寂为长史，掌文书；任命刘文静为军司马，掌军务。另外，他又将士兵编为三军，称义兵为义士，公开宣布起兵反隋。

李渊借鉴瓦岗军的成功经验，宣布开仓赈灾，以吸引百姓入伍。晋阳周边的百姓纷纷投入到他的麾下。在短短的20天里，李渊父子又聚众数万。至此，李渊手中已有士卒十余万，并控制了富庶的太原及其周边地区。

可以说，刚刚起兵的李渊父子兵强马壮，粮草充足。不过，他们所面临的外部环境依然不容乐观。首先，他们在晋阳起兵的消息一经传出，立即遭到辽山县（今山西省左权县东北）令高斌廉、西河郡（郡治在今山西省汾阳县）丞高德儒的坚决反对。高斌廉马上派人星夜驰往江都，向隋炀帝告密。隋炀帝闻讯大惊，立即命洛阳、长安守军严加守备，以防李渊西入关中。此外，刘周武等人占据着汾阳行宫，又与突厥勾结，随时可能南下夺取太原。

除了隋军与起义军之外，李渊父子面临的外部威胁还有强大的突厥。太原是隋朝的西北重镇，也是防范突厥入侵的前沿阵地。假如突厥趁李渊与隋军激战之际夺取太原，李氏父子就失去了可靠的后方。

李渊与李世民等人仔细分析了当时的形势。他们认为，来自突厥的威胁最大，高德儒次之，高斌廉则不足为虑。为解除后顾之忧，李渊命刘文静为使前往突厥求和。李渊这是一石二鸟之计，因为若能与突厥达成和解，刘周武也就不敢再南下夺取太原了。

突厥士卒骁勇善战，往往攻无不克，战无不胜。但身为游牧民族，他们在作战时又有一个十分显著的特点，即只掠取财物，不占领土地。之所以如此，一来因为突厥的人口较少，无法固守；二来突厥的文化落后，无法在新土地上实行有效的行政管理。

李渊抓住了突厥的这一特点，命刘文静前去请求突厥出兵相助，待事成之后，人口与土地归自己所有，金银财帛则归突厥所有。

刘文静携带着李渊的亲笔书函来到大漠上求见始毕可汗，始毕可汗问刘文静书：

"唐国公起事，阁下不在中原相助，来我突厥有何贵干？"

刘文静朗声说道：

"隋朝先皇废长立幼，以致天下大乱。唐国公是皇室近亲，不忍心看着隋朝的江山就此沦落，所以才兴义军，准备废黜不当立者。唐国公派我前来求见可汗，希望能与可汗的兵马同入京师，人众土地归唐国公，财帛金宝则归突厥。"

始毕可汗听说李渊愿意在事成后把金银财宝归自己，非常高兴，立即答应了刘文静的请求。随后，始毕可汗遣使前往太原，给李渊送来了良马千匹，并对李渊说：

"明公需要多少兵马尽管直说。"

如此一来，来自突厥和刘周武的威胁就消除了。李渊大喜，立即召集众人商议进军之策。当时，隋炀帝长期居于江都行宫，都城长安一带异常空虚，李渊决定乘虚而入，直取长安，以号令天下，成就帝业。

李世民等人对李渊的观点表示赞同，然而李渊的义军要想西入长安，就必须先拔出高德儒这根钉子。攻打对隋朝忠心耿耿的高德儒也是李渊起兵之后的第一场战役。正所谓"好的开始是成功的一半"，如果此战一举成功，那么后续战役就会轻松许多。因此，李渊十分重视这场战役。

大业十三年初夏，李渊任命太原令温大有为参谋军事，令长子李建成和次子李世民统领大军前往攻打高德儒。临行前，李渊嘱咐温大有说：

"如今我们的兵马尚少，军事物资也不是很充裕！我之所以要你参谋军事，主要是因为你善于行军布阵！此次起兵的成败就看这一战了。如果能顺利拿下西河郡，帝业成矣。"

（四）

由于李建成和李世民年轻，军中皆称之为"大郎""二郎"。出师前，李渊特地嘱咐他们说：

"你们还年轻，再加上没有经历过战事，暂时不能授予你们将军之位，暂且以此战观之。你们一定要努力，每个士卒的眼睛都盯在你们的身上呢！"

李建成与李世民双双跪在李渊的面前，朗声道：

"孩儿早蒙弘训，禀教义方，自当全力以赴，不敢有丝毫闪失。家国之事，自当先国后家。儿等此去定从严令，事事称旨，如果有违，请父亲先执行军法再考虑父子之情！"

李渊点了点头，让李建成和李世民兄弟退了下去。兄弟二人果然不负父亲所望，立即从整顿军纪着手，训练新兵，择日出征。一路上，两位青年将领并没有因为自己是大将军的儿子而有丝毫的特殊，他们与士兵同甘共苦，遇敌则身先士卒，拼死相抗。士卒一旦出现偷盗行为的，他们便千方百计找到失主，尽量补偿，当然也不苟责犯过者。

在战火纷飞的年代，像这样纪律严明、于民秋毫无犯的部队并不多，因此他们的军队深得百姓拥护。李世民兄弟也深受广大将士们的爱戴，军队士气高昂。

待到来至西河城下，李世民兄弟又严令士卒，不准伤害城内外的百姓，允许百姓自由出入城池。城中军民见李世民兄弟所率领的部队与其他起义军不同，心生好感，均无死战之心。司法书佐朱知谨甚至主动与李世民联络，愿为内应，引义师入城。

第二天一大早，朱知谨便主动打开城门，率领一队士兵沿街高呼：

"当今皇帝无道，李氏父子顺天应时，诛无道而立新君，请大家不要顽抗！"

一时间，响应者数以万计。李世民兄弟趁机率部攻入城内，俘虏了高德儒。执法官将高德儒五花大绑，押解到军门。李世民上前一步，斥责高德儒说：

"你这个人啊，竟然指着野鸡当凤凰，靠欺骗人主而取得高官。如今，我等兴义兵，正是为了诛杀像你这样的奸佞小人！"

骂毕，李世民一声令下，刽子手手起刀落，高德儒便一命呜呼了。随即，李世民宣布，城中军民是因受到高德儒的蛊惑才犯错的，所有的罪责都应当由高德儒一人承担，其他人等皆各复其职，安心生产、生活。

消息传出后，城中军民都拍手称快，纷纷前来为李世民兄弟送行。就这样，李世民和哥哥李建成初次领兵打仗就凯旋而归，而且往返不过9天的时间。李渊见两个儿子凯旋而归，非常高兴：

"有你们两兄弟，就是横行天下也够了！"

西河战役后，李渊立即封李建成为陇西公、左领军大都督，统率左三军；封李世民为敦煌公、右领军大都督，统率右三军；四子李元吉为太原郡守，留守晋阳宫。又封唐俭、温大雅为记室，温大雅及其弟温大有共掌机密；武士彟为铠曹；刘政会、崔善为、张道源为户曹；姜暮为司功参军；长孙顺德、刘弘基、窦琮、王长谐、姜宝谊为左右统军、副统军。

如此一来，李渊便建立了一套严密的政治、军事组织，为一统天下奠定了坚实的基础。而在此过程中，李世民更是功不可没。

一切准备停当之后，李渊便打算西入长安了。为加强声势，李渊又命刘文静出使突厥请兵。为防止突厥兵进中原后骚扰百姓，李渊嘱咐刘文静道：

"此去请兵无需太多，你要好生把握！"

刘文静是个聪明之人，他立即明白了李渊的用意，请突厥出兵不过是政治需要，并不是军事需要。一旦突厥与李渊联手，刘周武和突厥便不会趁李渊西进之时偷袭太原了。后来，刘文静仅从突厥领兵两千，以壮声威。

第五章　李渊称帝

慷然抚长剑，济世岂邀名。

——（唐）李世民

（一）

李渊起兵之时，驻扎在洛阳附近以李密为首的瓦岗军已经发展到几十万人，据有洛阳附近数座粮仓，可谓兵强马壮，粮草充足。李密杀害了起义军的另外一位首领翟让，一心要做中原霸主。

李渊如果要直取长安，就必然要从洛阳附近经过，李密自然不会甘心放他过去。如果李渊在西取长安途中遭到李密的围追堵截，李氏父子绝不是他的对手，因为两者的兵力相差太大。

不过，瓦岗军与驻扎在洛阳的隋朝守军长期对峙，尚未展开决战。这一点对李渊十分有利。也就是说，李密如果要做"螳螂"去捕李渊这只"蝉"，他就不得不防后面的"黄雀"，即隋朝守军。更何况，李密妄自尊大，只要承认他的"霸主"地位，他就未必会领兵攻打李渊。

正是在这种情势之下，李渊于大业十三年七月誓师于野，遥尊隋炀帝为太上皇，拥立留守长安的代王杨侑为帝。杨侑是隋炀帝的孙子，颇有才略，只可惜生不逢时，杨氏的江山此时已经七零八落了。与此同时，李渊还将隋朝的赤色旗帜改为杂用绛白，改朝换代的意图已路人皆知。

誓师完毕，李渊亲自率领3万大军向西而行。长子李建成与次子李世民随行，四子李元吉留守太原。

义军在西进途中，李渊主动给李密写了一封信，言辞极尽奉承之能事。李密接到李渊的信后，心中大喜，立即以极其骄傲的口吻邀请李渊到河内郡（郡治在今河南省泌阳县）商议结盟之事。

李渊看了李密的回信，见其"自恃兵强，欲为盟主"之意跃然纸上，便笑着对李世民等人说：

"李密妄自尊大，并不是一封书信能召来的。如今我们刚刚起兵，如果骤然拒绝李密，恐怕又要多一个敌人了。依我看，我们不如卑辞推奖以骄其志，让他替我们挡一挡洛阳周边的守军，我们好专意西征。等到平定关中之后，我们有了立足之地，再坐下来看他与隋军鹬蚌相争，以收渔人之功。"

说罢，李渊便令温大雅执笔，修书一封，派人送给李密。李渊在信中又大大恭维了李密一番，并推说自己并无称霸之意，如果将来李密得了天下，只要再封他为唐国公，他便心满意足了。

李密接到李渊的书信后，竟然信以为真。他得意地让将佐们观看来信，并说：

"连唐国公都如此敬重在下，可见天下必定将由我李密来平定了。"

就这样，李渊未动一兵一卒便为西取长安消除了后顾之忧。随后，李渊令大军无需再防备李密，而是直奔长安而去。

李渊西取长安的进军路线是沿汾河东岸南下，直取潼关。他们在途中遭遇的第一道关卡是由虎牙郎将宋老生镇守的霍邑（今山西省霍县）。宋老生手中有精兵两万，据险固守，截断了李渊西进之路。与此同时，隋朝的左武侯大将军屈突通则驻守在河东，与宋老生遥相呼应。

当李渊的大军行至霍邑西北25千米的贾胡堡（今山西省灵石县西）时，连绵的秋雨下个不停，道路泥泞不堪，部队无法前行。李渊不得不命令部队暂时在贾胡堡扎营。由于耽误了行程，军中的粮草难以为继，李渊便派一部分士兵返回太原增运粮草。

就在此时，军中开始出现谣言，说刘周武将联合突厥南下攻取太原。由于大部分将士的家眷都留在太原，众人不免有些心惊胆战。

李渊见状，立即召集将领商讨对策。裴寂等人都说：

"宋老生、屈突通联兵据险，在短时间内恐怕没那么容易攻下。李密虽然答应与我们联合，但奸谋难测。突厥又贪而无信，唯利是图，一旦他们与刘周武合力进攻太原，我们就失去了根本之地。况且，太原是一方都会，义兵的家属又大多留在那里，我们不如先回去救太原，攻打长安之事可以再作打算。"

李渊赞同裴寂等人的意见，但李世民却站出来反对说：

"刘周武位极而自满，突厥少信而贪利，他们虽然相互依存，但私下里却互相猜忌。突厥应该不会远道前往太原，因为他们距离马邑更近，刘周武也定然知道这一点，故而未必会和突厥同谋。朝廷既闻国公举兵，忧虞不暇，京都留守肯定特别害怕义军到来。如果此时西进，长安可一战而平；如果班师回去，士卒们不知道其中的利害关系，必定会散去。如果突厥、刘周武在此时攻打太原，宋老生和屈突通从后面追击而来，我们才真的是前无所望、后无退路啊！"

（二）

李世民的分析是正确的，他敏锐地揭示了突厥与刘周武貌合神离的本质，也指出了退军将产生的恶果。但老成持重的李渊不敢冒险，他沉思片刻后说道：

"天降大雨，粮草运输不便，强行进攻的话，只怕军中的粮草无以为继。"

李世民见父亲犹豫不决，又力谏道：

"如今禾菽遍野，马上就能收获了，何愁没有粮草呢？我们现在人马充足，略等就有粮草，前进即可攻破霍邑。李密过于留恋洛阳附近的几座粮仓，没有远图之志；宋老生轻躁，可一战而破之。定业立威皆在此一战，诸人为求自保，所以建议大将军退兵。儿等捐躯力战，为的是李家的千秋大业，所以建议大将军力战。请大将军下令，雨停就进军。如果不攻破霍邑，杀死宋老生，儿等敢以死谢罪！"

李建成也深以为然，跟二弟李世民一起前来劝谏父亲。李渊虽然认为李世民讲得有理，但心中仍顾虑重重，于当天黄昏时分断然下令退军。

李世民见自己的意见未被采纳，急忙拉着李建成来到父亲帐前，想要再次向父亲进谏。无奈天色已晚，李渊已经就寝，李世民兄弟不敢贸然入内。他们在帐前徘徊良久，越想越觉得痛心，不禁失声痛哭起来。李渊听到帐外的哭声，大声问道：

"是谁在帐外哭泣？"

侍卫入内禀报说：

"启禀大将军，是两位公子。"

李渊觉得事出蹊跷，便将两个儿子召入帐内询问。李世民再次进谏说：

"大军以'义'聚拢，前进则能攻克霍邑，退还太原则会溃散。如果大军溃散在前，敌人乘机在后面追击，我们的死期就近了！想到这些，我们兄弟二人才不禁失声痛哭！"

李渊听到李世民这样说，才恍然大悟：

"无奈大军已经出发了，如何是好？"

李世民见父亲态度有所转变，趁机说道：

"儿子统领的右军尚未出发；哥哥的左军虽然已经出发了，但也不会走得太远。儿等愿意快马加鞭，将他们追回来。"

李渊见李世民如此有见有识，遇事善断，便高兴地说：

"义军的成败皆在你的身上了！不要再说什么了，一切都按照你所说的办吧！"

李世民与李建成领命后，连夜乘马北驰，将已经北上的左军全部追还。过了几天，从太原增运的军粮运抵到贾胡堡前线，粮草问题便解决了。又过了两天，天空中的乌云散尽，终于放晴了。李渊大喜，立即召集众人商议进兵之事。

三天之后，李渊乘着漫天大雾率领骑兵突然出现在霍邑城前，在城东五六里处扎营。宋老生闻讯，微微一笑，缓缓说道：

"任他千万军马前来，我等只需固守城池便罢了！"

宋老生坚守不出，这可急坏了李渊。义军是在仓皇之中聚拢起来的，缺乏攻城的战具，如果霍邑久攻不下，势必会动摇军心。李建成与李世民深知父亲的忧虑所在，便上前建议说：

"宋老生勇而无谋，儿等以轻骑挑之，他肯定会出城的。等他出城之后，我们就诬陷他与义军相通。他担心手下之人向皇帝报告，定会领兵迎战的！"

李渊连声赞道：

"妙计！妙计！"

于是，李渊派数千骑兵突至城下，佯装攻城。李世民与李建成则率领十余骑在阵前叫骂，说宋老生无能，不敢出战。有勇无谋的宋老生果然老羞成怒，率领万余士卒从东门、南门出战。李渊下令收缩阵地，宋老生误以为李渊畏惧而后退，便引兵追击，在距城一里处布下阵势。

此时，义军的步兵相继赶到，与骑兵合兵一处，列阵与隋军对峙。李世民建议父亲一鼓作气，攻下霍邑。李渊遂命李建成率部在正面进攻，让李世民领一军绕到南门，从宋老生的背后发起突袭。

隋军的战斗力相当强劲，李建成所部进攻不利，向后退了里许。正在这时，李世民率部从南门杀出，直奔宋老生所部的后背而来。混战中，李世民身先士卒，砍死数十人，两口宝刀都被砍缺了口，浑身上下也溅满了鲜血。

就在两军打得难分难舍之时，李世民突然心生一计，令士卒高呼道：

"义军已经生擒了宋老生！"

隋军闻听自己的主将被擒，顿时失去斗志，纷纷向城门奔去，躲到城里不出来了。李世民与李建成趁机守住东门和南门。宋老生见城门紧闭，率领残部退至城下。城上的守军立即放下一条绳索，宋老生想要攀绳入城，，义军立即万箭齐发，将宋老生射死。

宋老生已死，隋军便彻底失去了抵抗意志。李渊下令部队全力攻城，很快就攻下了霍邑。霍邑战役的胜利打通了义军前往关中的门户，李世民也在此役中立下了卓越的战功，深受士卒的拥戴。

（三）

霍邑大捷后，义军声威大震。李渊令大军乘胜南下，连克临汾郡（郡治在今山西省临汾市）、绛郡（郡治在今山西省新绛）。两郡官员纷纷率部投降，关中的起义军首领孙华率众渡过黄河，前来归顺。刘文静与突厥大将康鞘利也带领着2000余突厥骑兵和数千匹战马赶到，这让李渊义军实力进一步增强，人数已达数十万。

八月末，义军进至龙门，驻扎在壶口山（今山西省吉县西南），义军下一步所面临的敌人便是河东郡的屈突通了。屈突通手握重兵，占据河东郡，是一个非常强劲的对手。义军在仓促之间很难一举拿下河东。为此，汾阳人薛大鼎建议李渊绕过河东，从龙门西渡黄河，占据永丰仓（仓址在今陕西省大荔县境内），再向远近发出招抚公文，不战而克关中之地。

这是一个非常大胆而又有创意的作战方案，李渊有意采纳，但众战将皆主张先攻取河东郡。于是，李渊命孙华率部回到黄河以西，令右统军王长谐、刘弘基及左领军长史陈演寿等人率步骑兵6000余人自梁山西渡黄河，驻兵于河西，以形成对河东的夹击之势。

屈突通见李渊断了自己的西归长安之路，大惊失色，立即派虎牙郎将桑显和率兵数千人从河东西渡黄河，夜袭王长谐所部。王长谐等人准备不足，吃了败仗。孙华立即以骑兵偷袭桑显和，大败敌兵，迫使桑显和逃入河东郡城之中。

义军与屈突通的几番交战都未能胜利，李渊有些着急，遂在九月初亲率大军围攻河东郡城。屈突通据险固守，义军损失惨重。这时，李渊又听薛大鼎的建议，想引兵绕过河东郡，直取长安。

众将齐聚大帐，商议何去何从。裴寂首先出列，大声说道：

"屈突通兵强马壮，又固守坚城，若绕过河东，直取长安，万一有点闪失，就失去了退路。不如先攻克河东，然后再西上。长安兵力空虚，全凭屈突通救援，如果屈突通战败了，长安也就唾手可得了。"

裴寂所说的不无道理，但隐隐有畏敌之心。这时李世民出列，大声反驳道：

"长史所言差矣！所谓'兵贵神速'，我等携累胜之师向西而行，长安之人定然会望风而降。长安兵力空虚，无论是武力还是智谋都不是义军的对手，这样我们攻取长安就像是在路边捡一片枯叶一样简单。如果在河东迁延时日，长安方面定会加强防御，对我不利啊！一旦长安方面加强了防御，义军再想攻克之就不容易了。到时候，坐费日月，军心涣散，大势就不妙了。况且，关中各地的起义军群龙无首，不可不早点招抚他们。屈突通坚守孤城，早晚会成为我们的俘虏，不足为虑。"

李世民的话虽然有些轻敌之意，但却句句切中要害，为义军指明了关键方向。李渊综合两方面的意见，最后决定留部分兵力在河东牵制屈突通的兵力，自己亲率大军直取长安。一切果然如李世民所料的那样，义军西进途中，各地隋朝官吏望风而降，关中的士卒也纷纷前来归附。

李渊大喜，马上派李建成、刘文静、王长谐等人领军数万驻守永丰仓，攻克潼关，以防屈突通支援长安；又派李世民、刘弘基等人领军数万沿渭水北岸西进，招抚各地的起义军和隋朝旧部。

李氏家族的亲属闻知义军已经逼近长安，纷纷起兵响应。李世民的胞姐（即后来的平阳公主，柴绍之妻）、堂叔李神通均在鄠县山中聚众数千人。李渊的女婿段纶也在蓝田县聚众万余人。

李世民所部一路攻克泾阳（今陕西省泾阳）、云阳（今陕西省三原西）、盩（今陕西省周至县）等地。此时，李世民的部队已经发展到9万多人，他的胞姐又率精兵万余人与其在渭水北岸会师，军威大振。

（四）

义军直逼长安，声威大震，代王杨侑慌忙令长安守军出战。李渊命李世民所部的刘弘基等人攻占扶风（今山西省扶风县），南渡渭水，迎战隋军，大获全胜。李世民见进入长安的时机已经成熟，便建议父亲让李建成从东面进攻，自己从北面进攻，合击长安。李渊采纳了李世民的建议，他自己领一支部队自冯翊（今陕西省大荔县）西行，将途中所经过的隋炀帝的离宫园苑全部废掉，宫中的宫女也一律遣还。

十月初，李渊到达长安城外，与李建成、李世民合兵一处。此时，义军已经发展到20余万人，其中19万是李世民的部下。李渊下令将士宿于营中，不得随意进入村落，以免扰民。

几天之后，李渊下令攻长安城，并严令道：

"不得侵犯隋朝的祖庙、代王以及隋朝宗室，违者夷三族！"

李渊的这些措施不但获得了农民的支持，也打消了代王杨侑的顾虑，最大限度地争取了隋朝宗室的同情。很快，长安城便被义军攻破，李渊进入长安城，迎代王杨侑于东宫。而李渊自己则居住在长乐宫，与百姓约法12条，废除隋朝苛法，处死"贪婪苛酷，且拒义师"的官员，余者一律不予追问。

马邑郡丞李靖曾与李渊有嫌隙，也在被斩之列。临刑时，李靖大声呼喊：

"公兴义兵，欲平暴乱，怎么能因为私仇而斩杀壮士呢？"

监斩官李世民见李靖器宇不凡，便令刽子手暂停行刑，前去向父亲求情，希望能免李靖一死。李世民战功赫赫，又是自己的儿子，李渊自然不会拒绝他的请求。于是，李靖得免一死，被李世民置入自己的幕府之中。

十一月，李渊备皇帝车驾迎年仅13岁的代王杨侑即皇帝位于天兴殿，遥尊隋炀帝为太上皇。杨侑就是历史上的隋恭帝。在李渊的一手策划和操办之下，杨侑宣布大赦天下，改元义宁。李渊则以假黄钺、使持节、大都督内外诸军事、尚书令、大丞相的头衔独揽了朝廷的军政大权，进封为唐王。在丞相府中，李渊以裴寂为长史，以刘文静为司马，分管民事和军事；封长子李建成为唐王世子，封李世民为京兆尹、秦公，封李元吉为齐公。

义宁二年（618年，史书也称之为大业十四年）三月，隋炀帝在江都被亲信宇文化及等人杀死。这一事件标志着隋朝已在事实上灭亡，同时也为李渊登基称帝奠定了群众基础。

两个月后，唐王李渊便导演了一场"禅让"仪式，登上了皇帝的宝座，国号为"唐"。李渊就是历史上著名的唐高祖。高祖皇帝登基后，立即派刑部尚书萧造告天于南郊，大赦天下，改元武德，罢郡置州，以太守为刺史。

六月，高祖李渊令李世民为尚书令，李瑗为刑部侍郎，裴寂为右仆射、知政事，刘文静为纳言，窦威为内史令，李纲为礼部尚书，殷开山为吏部侍郎，赵慈景为兵部侍郎，窦王进为户部尚书，率部投降唐朝的屈突通为兵部尚书。

稍后，高祖皇帝又追封先祖和已逝的妻子窦氏，其中窦氏被追封为穆皇后。又过了几天，高祖皇帝昭告天下，立世子李建成为太子，封次子李世民为秦王，齐公李元吉为齐王。自此，唐王朝正式建立。从晋阳起兵到李渊即皇帝位，历时仅仅一年。

第六章　秦王破阵

君子用人如器，各取所长。古之致治者，岂借才于异代乎？正患己不能知，安可诬一世之人！

——（唐）李世民

（一）

随着李渊在长安称帝，义军的性质和作用也发生了根本性的变化。这支部队不再是以推翻隋朝统治为目的的起义军了，而是成了一支维护唐王朝统治的暴力机器。李渊称帝后，他所面临的形势依然十分严峻。当时，从陇右、代北到关东中原，再至江南地区，各地称帝称王者数不胜数，其中以李密、王世充、薛举、刘周武、窦建德等人的兵力最为强大。

如今，李渊贵为皇帝，李建成也已被立为太子，再也不能亲率大军南征北战了。因而，统率大军逐一扫平各路群雄的任务就落在了秦王李世民的肩上。其实，早在李渊称帝之前的几个月，李世民就已奉命率领数十万大军东进洛阳，企图招抚李密的瓦岗军了。

李密的瓦岗军拥众数十万人，兵强马壮，又一心想要做中原的霸主，自然不会轻易归降唐王朝。双方在洛阳周边混战数场，各有胜负。当时，城中有人愿做唐军的内应，与李世民里应外合，合力攻打李密。

李世民认真考虑了这一策略，然后对周围的人说道：

"李密势力强大，并非一朝一夕可以攻灭的。我们刚刚平定关中，立足未稳，即便强行攻下东都洛阳，也没办法长期固守。与其徒耗钱粮与兵力，不如放弃东征的计划。"

众人表示同意。随后，李世民将自己的意见向李渊和李建成禀报，并准备班师回关中。在撤军前，李世民对左右将领说：

"李密见我等退兵，必定会派兵追击。你们在三王陵设下三支伏军，先放李密的追兵过去，然后再从其背部发动攻击。"

众将领命而去，一切按照李世民的计划安排好了。当李世民下令撤军之时，李密果然派手下大将段达率万余人追击。结果，段达遭到埋伏，损失惨重，慌忙向洛阳方向退却。李世民乘胜追击，又抵达洛阳城下，歼敌4000余人，攻占了大片土地，设置了新安、宜阳两郡，委任将领镇守。

回到关中之后，高祖皇帝重重嘉奖了李世民一番，并想派他再次东出潼关，攻打盘踞在河南一带的王世充。从当时的形势来看，攻打王世充并不是明智之举。薛举据陇西而称帝，不时向关中用兵；李轨在武威（今甘肃省武威市）称王，也对关中虎视眈眈；刘周武以马邑为中心，勾结突厥，时刻威胁着晋阳，也是唐王朝北面的一大威胁。在关中之地遭受强敌威胁之际，东出潼关去攻打河南等地显然是不明智的。

为此，司农卿韦云起挺身而出，向李渊力谏道：

"……王世充远隔千里，山川悬绝，不会对关中之地构成威胁。等到有余力之时，再派兵去攻打他也为时不晚。如今关中四周尚未安宁，贸然向关东用兵恐怕不合时宜。依臣之见，不如暂停兵戈，全力发展农业，安抚百姓。如此一来，关中的鸡鸣狗盗之徒自然会平息。

秦川将卒素来骁勇善战，如果有了稳定的后方，三年之后定能一举平定关东。如果一味要求速战速决，恐怕会遭遇失败。"

韦云起的建议实际上与李世民所说的"立足未稳"是同一回事。因此，高祖皇帝采纳了这一建议，决定先巩固关中，再东向争雄。如果要巩固关中，就必定要先消灭周边的强敌，这一任务自然又落在了李世民的肩上。

（二）

在威胁关中的各路势力中，以薛举和薛仁杲父子的实力最为强大。于是，他们便成了唐王朝一统天下的第一个战略目标。

薛举是隋朝金城郡（郡治在今甘肃省兰州市）人，家产巨万，凶悍善射，广交四方豪杰，雄于边朔。隋朝末年，薛举担任金城府校尉。就在李渊父子起兵的前两个月，薛举发兵拘捕郡县官吏，开仓赈济贫民，起兵反隋，自称西秦霸王，建元为"秦兴"，封儿子薛仁杲为齐公，少子薛仁越为晋公。

在一年多的时间里，薛举的势力由数千人迅速膨胀到数十万人，占据了鄯州（今青海省乐都）、廓州（今青海省贵德县东）、兰州、秦州（今甘肃省天水市）一带，并追封祖先，封诸子为王，自称"秦帝"。薛举野心勃勃，一心想与天下群雄一争高下，统一全国。据史书记载，薛举"军号三十万，将图京师"。

薛举的反隋行动在性质上与李渊晋阳起兵一样，进军的目标也是关中。因此，两者之间的斗争在所难免。大业十三年十一月，李渊父子抢先攻占了长安，薛举父子闻讯大惊，急忙调集10万大军进逼渭水之滨，包围扶风郡城。李世民挺身而出，率众大破薛仁杲，并乘胜追击到陇坻（陇山关隘）而还。这是薛举起兵以来遭遇的第一场失败，对

49

此，薛举不禁感叹道：

"自古天子有降事乎？"

这句话的意思是问：以前的皇帝有投降的吗？因为薛举此时已经称帝，所以他比没有称帝的人更难以投降。而最后的事实也证明，凡是称帝后失败被俘的，李渊将他们统统都杀掉了。

薛举不甘心失败，企图联合突厥再次"谋取京师"。李渊称帝之初，薛举就率部侵入泾州（今甘肃省泾川北），纵兵劫掠，直至豳州（今甘肃省宁县）、岐州一带。刚从洛阳返回长安不久的李世民奉命以西讨元帅的名义，率领刘文静、殷开山等8位总兵前往迎战。

秦王李世民的大军驻扎在高墌城（今甘肃省泾川县东北），与薛举对峙。据说，李世民在出征之际患上了疟疾，卧于军营，将指挥大权交给刘文静和殷开山二人。他嘱咐两人说：

"贼众远来，兵锋正盛，急切间难以与其争锋，要深沟高垒，待其粮尽，方可出兵。"

刘文静与殷开山二人对此不以为然，因而也没有做好防备。结果，薛举率轻骑从后偷袭，大破唐军，致使唐军损失惨重，士卒死者达十之五六，大将李安远、刘弘基等人皆被俘虏。

李世民无奈，只好率领残兵败将返回长安，待日后再战。薛举攻克高墌后，又派薛仁杲进军围攻宁州（今甘肃省庆阳县）。薛举麾下的大将郝瑗建议说：

"今唐兵遭遇惨败，京师骚动，我大军可乘胜直取长安。"

薛举听从这一建议，准备直取长安。不料大军未动，薛举却暴病而亡。薛举死后，薛仁杲继为秦帝，驻军于高墌城。据记载，薛仁杲骁勇善战，但却有一个致命的弱点，那就是残暴成性。他欺男霸女，杀人无数，引起部下剧烈的不满。因此，薛举病逝之后，秦军将领内部的矛盾便暴露出来，郝瑗甚至因思念薛举而一病不起。自此，薛秦的兵势日益衰落。

李世民所部在长安补充了兵员和粮草之后，再次前往高墌与秦军交战。行军至折墌（今甘肃省泾川县附近），李世民即令大军止步不前，坚壁不出。部将屡屡请战，李世民都对他们说：

"我士卒新败，士气低落，但贼众以胜自骄，必然轻敌好斗，不如坚守不出，挫其锐气。待对方士气衰落之时，我军在奋力出击，便可一战而破之。这才是万全之策啊！"

虽然李世民的话很有道理，但时间久了，众将便按捺不住，再次向李世民请战。李世民大声喝道：

"不要再说这件事了，有再敢言战者杀无赦！"

一切果如李世民所料。当两军对峙达60余日后，秦军粮尽，军心浮动，再加上薛仁杲依旧残害部将，霸其妻女，薛秦的内史令翟长孙、薛仁杲的妹夫左仆射钟俱仇相继率部来向李世民投降。

李世民大喜，认为出击的时机已经成熟。于是，他利用敌兵求战心切的心理，派行军总管梁实率一支小部队在浅水原（今陕西省长武县东北）扎营，秦军大将宗罗目侯倾巢出动，猛攻浅水原。梁实据险固守，结果秦军屡攻不下，锐气受挫。

李世民抓住这一有利时机，又令右武侯大将军庞玉率军至浅水原布阵，宗罗目侯又调头攻击庞玉。就在双方杀得天昏地暗之际，李世民亲率劲旅从浅水原北面突然杀出。宗罗目侯大败，急忙向折墌城退却。

李世民乘胜追击，扼守住泾水南岸，切断了宗罗目侯败兵的归路，使其不能与薛仁杲守城的军队会合。薛仁杲大惊，急忙关闭城门，企图顽抗到底。李世民立即命令陆续赶到的大军围困折墌城。半夜，守城的秦军将士纷纷向唐军投降。薛仁杲走投无路，不得不在天亮之时开城投降。

李世民对投降的秦军士卒都统统优待，并仍令宗罗目侯、翟长孙等将领担任统率。投降的秦军将士见李世民宅心仁厚，不禁感恩戴德，誓死为其征战。

<h1>（三）</h1>

在李世民击溃薛秦之时，瓦岗军首领李密也已抵达长安，归顺了唐王朝。或许是为了向李密显示唐军的军容，高祖李渊派李密前去豳州迎接李世民的凯旋之师。据说，李密自恃智略功名，在进见高祖时面露傲慢之情。但他第一次见到李世民时，便不禁大为惊讶。李密还私下对唐吏部侍郎、行军司马殷开山说：

"真是英俊的主帅！如不是如此神威，怎么能平定祸乱？"

武德元年十一月，秦王李世民率部返回长安。高祖皇帝下令在长安市中将薛仁杲斩首，其余一干人等或选为军官，或选入朝中任职。至此，薛秦势力被彻底消灭，唐王朝终于消除了来自陇西地区的最大威胁。

武德二年（619年），占据河西五郡，并称大凉皇帝的李轨被其户部尚书安修仁与兄长安修贵擒获，押送到长安。高祖李渊处死了李轨，重赏了安氏兄弟。这样，陇西与河西之地又先后被纳入唐王朝的版图，关中地区得到了进一步的巩固。

接下来，唐王朝要对付的就是刘周武了。刘周武骁勇善射，年轻时喜欢结交豪侠，但他的哥哥刘山伯曾告诫他说：

"你交友不慎，最终会招来灭族之祸的！"

刘周武不听哥哥的劝告，愤然离家出走，应朝廷征募前往辽东征讨高丽。因屡建军功，刘周武被隋朝封为建节校尉，到鹰扬府任职。

在天下大乱之际，刘周武杀掉马邑太守王仁恭，起兵反隋，自任马邑太守，并派使臣依附于突厥。几年间，刘周武先后占领来了雁门、楼烦、定襄（郡治在今内蒙和林格尔）等郡，并攻克了隋炀帝的汾阳行宫。由此，刘周武兵威大振，被突厥立为定杨可汗。刘周武也欣然接受，并僭称皇帝，建元"天兴"。

武德二年，突厥与唐王朝出现裂隙，继续支持刘周武南下。刘周武的心腹大将宋金刚劝他攻取晋阳，南下争夺天下。刘周武采纳了宋金刚的建议，并命他为西南道大行台，率兵两万攻打并州（并州的治所在晋阳），驻军于黄蛇岭（今山西省榆次县北）。

留守晋阳的齐王李元吉慌忙派大将张达率兵抵御，结果唐军全军覆没。刘周武乘胜攻陷榆次（今山西省榆次县）、石州（今山西省离石县）、平遥（今山西省平遥市）等地。太原陷入刘周武的包围之中，岌岌可危。

高祖皇帝急忙派左武卫大将军姜宝谊，太常少卿、行军总管李仲文等人率部迎战。结果唐军再次全军覆没，姜宝谊与李仲文双双被俘。后来，他们虽然逃了出来，但与刘周武所部交战仍然屡战屡败。

高祖皇帝忧心忡忡，又派右仆射裴寂为晋州道行军总管，前往山西讨伐刘周武。裴寂到达介州（今山西省介休县）后，宋金刚据城固守并切断唐军水源，对唐军发起突然袭击，唐军溃败而逃，退至晋阳。至此，晋州以北地区除西河（今山西省汾阳县）和太原外，皆被刘周武占领。

此时，骄奢淫逸的李元吉见大势已去，连夜溜出太原，奔回长安。刘周武又攻占了太原，并派宋金刚攻陷晋州，唐右骁卫大将军刘弘基等人战败被俘。接着，刘周武又携得胜之师一路攻城略地，占据了山西的大部分地区。

就在此时，夏县（今山西省夏县）人吕崇茂杀掉县令，自号魏王，响应刘周武；隋朝旧将王行本据守蒲坂（今山西省永济县北），也秘密与宋金刚联合，企图西进。

高祖皇帝闻讯后大惊失色，准备放弃黄河以东的地区，固守关中。刚刚建立起来的唐王朝面临着一次生死存亡的艰难挑战。

（四）

在唐王朝危难之际，李世民再次挺身而出。他向高祖皇帝上表说：

"太原乃是帝业的根基，国家的根本；河东之地富庶，向来都是京师的粮仓。如果舍弃太原与河东之地，臣心有不甘。请皇上拨给臣精兵3万前去迎战刘周武，收复失地。"

高祖皇帝当然也不想丢弃太原与河东，因此他立即征调关中的全部兵力交给李世民统领，派他率大军出关迎敌。武德二年深秋时节，李世民统率数万大军直奔河东而去。高祖皇帝对李世民寄以厚望，亲自将他送到华阴（今陕西省华阴）。

李世民率部星夜兼程，于十一月抵达黄河岸边。十一月的北方天寒地冻，黄河已经结冰，李世民亲自在冰上为大军探路，领兵渡过黄河，驻扎在柏壁（今山西省新绛西南），与宋金刚的大军相对峙。

当时，黄河以东的州县已被刘周武的军队掠夺一空，民心慌乱，仓无积谷，这给李世民的部队带来了不少麻烦。唐军粮草不足，难以持久。因此，李世民只得以秦王身份发安民告示，筹集粮草。李世民在百姓中的威望很高，所以在告示发出之后，前来归顺者络绎不绝。随后，李世民又令这些新归顺的士兵筹集粮草，以供大军之用。

粮草问题解决了，李世民便开始着手对付刘周武的部队了。李世民发现，刘周武的部队兵锋正盛，不可力战，唯有派小股部队伺机骚扰，挫其锐气，然后再一举出击。

有一次，李世民和堂弟江夏王李道宗登玉璧城（今山西省稷山县太阳乡）察看敌情。李世民问道：

"贼人势力浩大，屡次前来挑战，你认为应该怎么办？"

年仅17岁的李道宗回答说：

"群贼兵锋正盛，可以用计概攻破他们，不可与其力战。不如深壁高垒，以挫其锋芒。贼人全是一些乌合之众，等到粮草耗尽，自然就会散去了。到那是，我们便可不战而擒贼首了。"

李世民笑着说：

"英雄所见略同，弟弟与我的意思真是不谋而合啊！"

由此可见，李世民的部下大都熟悉他的"深壁高垒"战术。事实上，这种战术对于改变敌我形势和力量对比是十分有利的。

十二月，高祖皇帝派永安王李孝基、陕州总管于筠、工部尚书独孤怀恩、内史侍郎唐俭等人率部攻取夏县。守将吕崇茂慌忙向宋金刚求救，宋金刚派骑兵骁将尉迟敬德、寻相等人率兵增援。结果，唐军大败，大部分将领被俘。

尉迟敬德与寻相得意洋洋，又率部往驻地浍州（今山西省翼城县）赶去。李世民获悉后，立即派兵部尚书殷开山、总管秦叔宝等人在美良川（今山西省夏县西北）设伏，出其不意地进行阻截，结果大破敌军，斩首2000余级。

尉迟敬德与寻相大惊，急忙率领精骑兵秘密前往蒲坂，企图与隋朝旧将王行本合兵一处。李世民获悉后，亲率3000名骑兵，抄近道直趋安邑（今山西省安邑县），在途中阻击尉迟敬德和寻相。结果尉迟敬德与寻相被唐军打败，匆忙逃走，其部皆被俘虏。

宋金刚损失了一部士卒，实力稍减。唐军将领纷纷向李世民求战，李世民说：

"宋金刚虽然孤军深入，但兵精将猛，不可力战。刘周武又据守太原，与宋金刚互为犄角，仓促间无法战胜。如今，刘周武与宋金刚军无蓄积，以虏掠为资，利在速战。我们应当深沟高垒，养精蓄锐以挫其锋芒，待对方粮尽弹绝，我们再兵分数路，直捣其心腹地区，自然能一举获胜。所以各位就不要再提速战之事了，这对我们是不利的！"

在连获两次胜利的情况下，李世民仍以冷静的头脑继续坚持"闭营养锐，以挫其锋"的战略，表明他已成长为一位颇有谋略的军事指挥家。正是在这种战略方针的指导之下，李世民于武德三年（620年）初多次挫败刘周武的攻势。

四月，宋金刚军中粮食已尽，部队仓皇向北撤退。李世民审时度势，认为反击的时机已经成熟，亲率大军北上追击。史书记载，李世民"一昼夜行二百余里，战数十合"。刘弘基劝道：

"大王破贼，逐北至此，功劳已经足够大了，也应该保重自己的身体啊！且士卒疲惫，粮草匮乏，不如暂且停止追击，待粮草运达，我们再进军不迟。"

李世民回答说：

"宋金刚计穷而走，军心涣散，正是追击的大好时机。良机难得，如不乘势追击，待宋金刚缓过劲来，岂能轻而易举地打败他呢？我竭忠徇国，哪里会顾及自己的身体！"

于是，李世民继续策马前进，乘胜追击。众将见李世民身先士卒，也奋不顾身地追随他继续追击敌军，终于在雀鼠谷（在今山西介休西南）追上了宋金刚的部队。李世民"一日八战，皆破之，俘斩数万人"。至此，李世民扭转了战局，刘周武和宋金刚败局已定。

雀鼠谷战役之后，李世民又下令全力进攻宋金刚。唐军以秋风扫落叶之势，迅速攻克了介休，消灭了宋金刚的主力部队，尉迟敬德、寻相等人也相继投降。李世民得骑兵骁将尉迟敬德，心下大喜，立即任命他为右一府统军，仍统率自己原有的8000名部众。从此，尉迟敬德便成为秦王李世民麾下一位攻无不克的勇将。

宋金刚战败后，刘周武失去了一道有利的屏障，慌忙弃并州而逃，向突厥求救。宋金刚也无力再战，只得带着数百名骑兵逃往突厥。后来，他们二人相继被突厥杀死。至此，李世民收复了晋阳和所有被刘周武占据的失地。

第七章　洛阳恶战

食为人天，农为正本。

——（唐）李世民

（一）

大败刘周武之后，关中之地彻底巩固了，现在摆在唐王朝面前的重要任务是出关东而征天下。当然，这一任务又落到了李世民的肩上。武德三年五月，李世民从山西班师回京，受到高祖皇帝的热烈欢迎。

李世民所部在长安休整两个月之后便再次出发了。这一次，李世民要对付的是盘踞在河南一带的王世充。当时的中原形势非常复杂，李密的瓦岗军与隋朝旧将宇文化及已经在各大军事集团的兼并战中失败了。早在武德元年十月，李密及手下大将李世勣便在谋臣魏征的劝说下归顺了唐朝，宇文化及也被窦建德所杀。

如此一来，中原地区便只剩下王世充和窦建德两大集团了，王世充盘踞在河南，窦建德盘踞在河北。武德二年，窦建德趁李世民率部攻打刘周武之时发兵攻击唐军，先后攻克了相州（今河南省安阳市）、黎阳等地。李神通、魏征、李世勣等朝中显要被俘。与此同时，王世充也夺取了唐军在河南所占有的部分土地。

　　武德三年七月，高祖皇帝诏令秦王李世民统率各路军马东征王世充。同薛举父子、刘周武相比，王世充、窦建德的军事实力更为强大，如果他们联合起来，唐王朝根本不是他们的对手。但在天下大乱之际，王世充、窦建德都一心想要吞并对方，独霸中原，根本不可能联合起来，这就在客观上为唐军分别击败王、窦两大军事集团提供了极为有利的条件。

　　王世充本姓支，是西域胡人。王世充的父亲在幼年之时随其母改嫁到霸城（在今陕西省西安市东）王氏，遂改汉姓王。王世充年轻时十分好学，涉猎广博，尤其喜好兵法及龟策、推步之术等。

　　隋开皇年间，王世充以军功拜仪同，后来又升为兵部员外郎。到隋炀帝时，因为他善于阿谀奉承，颇得隋炀帝的欢心，遂被任命为江都丞，兼领江都宫监。后来，天下大乱，李密围攻东都洛阳，王世充又奉命守卫洛阳。

　　隋炀帝死后，宇文化及率部北上，与王世充从两面夹击李密的瓦岗军。李密战败，投靠了唐王朝。瓦岗军部分将士接受了王世充的招降，李密原有的部分土地也被王世充占据。由此，王世充的势力得到了加强。野心勃勃的王世充在实力壮大之后，立即于武德二年四月在洛阳自立为帝，国号"郑"。

　　李世民受领之后，择日率领本部兵马东出潼关，渡过黄河，驻扎在新安（今河南省新安县）。王世充闻知李世民率部东征，早已从容不迫地调兵遣将，加强了各地的防御，其中洛阳的防御是重中之重。王世充的军队长期担任守卫东都洛阳的任务，守城经验丰富，李密的瓦岗军多次攻击洛阳都未能攻下。由此可见，要想攻克东都并不是一件容易的事。但以李世民的兵力，要包围洛阳也不是什么难事。

　　一切准备妥当之后，李世民命部将罗士信率领先头部队围攻慈涧

（今河南省新安县东）。王世充闻讯，亲自统率3万士卒从洛阳赶来相救。两军在慈涧一带摆开阵势，好一阵厮杀。

正当两军激战正酣之时，李世民轻装简从来到前线侦察敌情。不料，侦察部队与王世充部将左建威将军燕琪率领的骑兵部队遭遇。因寡不敌众，道路险阻，李世民与数十名骑兵被迅速包围。

危急之际，李世民率领部下沉着应战，左冲右突，竟冲到了燕琪的面前。李世民当即立断，拈弓搭箭，射伤燕琪坐骑，俘虏了燕琪。而后，李世民又左右驰射，应弦而倒者达数十人。同时，李世民还令部将大呼：

"燕琪已被俘虏，尔等速速放下武器投降！"

燕琪的骑兵一听说主帅被俘，顿时慌了手脚。李世民趁机突出重围，向大营奔去。

经过一番力战，李世民已经尘埃满面，浑身是血，守营的士兵根本看不清他的面貌。当李世民奔到大营前，士兵拦住他的坐骑，大声质问道：

"来者何人？快快报上姓名！"

李世民大声喊道：

"李世民是也！"

那士兵仔细端详了一下，喝道：

"看不清面貌，无法确认！"

李世民摘掉头盔，抹掉脸上的尘埃血迹，露出面部。那士兵仔细一看，来人果真是李世民，慌忙下跪道：

"属下罪该万死，竟然不认识元帅！"

李世民哈哈一笑，赞誉他说：

"你做得很好，这正是你的职责所在！"

（二）

第二天清晨，李世民又亲自统率5万大军直逼慈涧。王世充见唐军来势汹汹，自知难以抵挡，慌忙率部撤入洛阳城中。李世民立即调动各地唐军，完成了对洛阳外围防线的包围。其中，行军总管史万宝自宜阳（今河南省宜阳西）南据龙门，将军刘德威自太行围河内，上谷公王君廓自洛口（今河南省巩县东北）切断了洛阳城的运粮通道，怀州总管黄君汉自河阴（今河南省洛阳市东北）攻回洛城（今河南省孟津东）。而李世民则率大军驻军于邙山（今河南省洛阳市北），以牵制王世充对洛阳外围防线的支援。

战事进展得十分顺利，从八月到九月间，唐军各地部队陆续降服了洛阳外围的一些城市。王世充政权的州县官吏见唐军接连攻城略地，势不可挡，纷纷归附于唐。邓州（今河南省邓州市）总管所属的25个州以及尉州刺史所属的杞（今河南省杞县）、夏（今河南省太康）、陈（今河南省淮阳）、洧（今河南省尉氏县附近）、许（今河南省许昌）、颍（今安徽省阜阳）、尉（今河南省尉氏县）等7个州先后请降。

到武德三年底，洛阳外围的州县大部分已被李世民控制。对于那些归顺的地方官吏，李世民非但没有惩罚他们，反而保留他们的原职，让他们继续治理地方，有些人甚至还被升了官。如此一来，王世充集团内部的分化也日渐加剧。

武德四年（621年）二月，王世充的侄子王泰放弃河阳（今河南省孟州市）逃走；怀州刺史陆善宗也献城投降；郑太子王玄应领兵数千自虎牢关（今河南省荥阳市汜水镇）护运粮草，被唐将李君羡所部消灭；驻守洛口的悍将单雄信亦被李世民的大军赶入洛阳。

与此同时，唐将李大亮奉高祖皇帝之命从南路连克樊城（今湖北省襄阳市樊城区）等数州，有力地牵制了驻守在襄阳（今湖北省襄阳市）的郑军。至此，洛阳外围的防线彻底瓦解，李世民亲率大军浩浩荡荡地开到了洛阳城下。

王世充见状，立即在青城宫布阵，以抵挡唐军的攻势。王世充隔水对李世民说：

"隋朝皇室倾覆，唐王朝在关中称帝，我大郑在河南称帝，两者相安。况且我王世充从未西侵，大王为什么突然领兵来犯我地界？"

李世民笑而不答，令部将宇文士及上前答话。宇文士及回答说：

"四海之内皆向唐帝俯首，唯有明公不愿称臣，我等为此而来！"

王世充又问道：

"如果我们两家罢兵讲和，不也是美事一桩吗？"

宇文士及干脆地回答说：

"我等奉诏取东都，皇命不敢违！"

王世充见李世民已是志在必得，自己又无法与其抗衡，只得派侄子代王王琬、长孙王安世到窦建德处请求援兵。然而此时的窦建德正在扩充地盘，根本无法分身，因此没有立即发兵救援洛阳，这给李世民消灭王世充的主力提供了良机。

武德四年春，李世民向洛阳发起总攻。李世民挑选精锐骑兵千余人，分为左右队，派大将秦叔宝、程知节、尉迟敬德、翟长孙等分别统领。每次与王世充交战，李世民都身披铠甲，率队为前锋，所向无敌，令郑军闻风丧胆。

二月的一天，李世民移军青城宫，王世充急忙率2万士卒布阵抵挡。王世充来势汹汹，企图与唐军展开决战，不少唐军士卒都感到十分恐惧。李世民见状，亲率精骑在北邙山布阵，远眺敌阵。突然，李世民大笑道：

"王世充已经狗急跳墙了！如今他们倾巢而出，意在与我决战，期望侥幸获胜。如果我们今天能打败他，他以后就再也不敢出城迎战了。"

随后，李世民令屈突通率步卒5000人渡水出击，并告诫他说：

"两军交战后便以施放烟火为号。"

屈突通率部力战，与王世充所部搅在一起。不久，李世民见浓烟高起，亲率领骑兵南下，冲入敌阵，与屈突通合力作战。在混战中，李世民带着数十名骑兵冲向王世充所部的中间，奋力向前。在激战中，李世民忽然被长堤阻隔，与部下骑兵脱离，只有将军丘行恭随从在身边。

王世充见状，立即率数名骑兵追来，并命士卒向李世民放箭，李世民的坐骑不幸中流矢而死，李世民也一个倒栽葱从马上栽了下来。见王世充的骑兵越来越近，李世民手握长剑，准备与其决战。

就在这紧张万分的时刻，丘行恭回骑射杀追兵，为首的几名追兵应弦而倒，其余人不敢向前。丘行恭趁机将李世民扶上自己的坐骑，自己在马前手执长刀步行，为李世民杀出了一条血路，好不容易两人才回到大军之中。

这场混战从早晨一直打到中午，王世充所部损失惨重，被俘、斩首者达7000余人。王世充见大势已去，急忙退入洛阳宫城，闭门不出。李世民乘胜追击，将洛阳宫城团团围住。

（三）

王世充虽然屡遭失败，但手中仍有数万大军，实力依然十分强劲。再加上洛阳宫城易守难攻，李世民连攻数日均未能攻破洛阳。经过数月的苦战，唐军士卒已经疲惫不堪，许多士兵都流露出思归之情。

有鉴于此，总管刘弘基向李世民请求道：

"洛阳久攻不克，士卒疲惫，乡情殷切，请大王班师西归。"

李世民回答说：

"我大军浩浩荡荡地前来，应该一劳永逸地解决东方诸州的事务。如今，王世充所属的州县已经望风而降，唯有洛阳还在他手里。王贼据守孤城，势不能久，大功唾手可得，为什么要班师西归呢？"

刘弘基等人再谏，李世民大声道：

"洛阳未破，誓不还师！有再敢提及班师之事者，斩立决！"

从此之后，再也没有人敢提班师的事了，唐军将洛阳宫城围得水泄不通。天长日久，王世充的部将终于支持不住了。数月以来，洛阳粮尽，就连贵族都无法果腹，普通百姓更是吃光了树皮、野草，开始争相食用观音土。到了三月，城中军民饿死者不计其数，洛阳居民由3万户骤减到了3000户。

就在王世充快撑不住时，已经平定后方的窦建德挥师西进，企图与王世充内外夹击李世民所部。窦建德出身农民，是河北、山东一带势力最强的农民起义军首领。武德元年，窦建德在河北称帝，国号"夏"。

据《旧唐书·窦建德传》记载，窦建德生活节俭，热爱士卒。平日里，他只吃蔬菜和米饭，妻子家人也都不穿绫罗绸缎，所用的侍婢只有十来个人。每次攻城略地所得财物，他都会悉数分给诸将。因此，窦建德颇受士卒和百姓的爱戴。

然而，窦建德也有一个致命的弱点，即缺乏远大的政治眼光和军事修养。当王世充向他求救时，他却只顾着攻打周桥城的孟海公和盘踞在幽州的罗艺，听任李世民对王世充用兵。

窦建德的中书舍人刘斌劝谏说：

"唐占据关内，郑据有河南，夏居河北，这是三足鼎立之势！如今唐军大举攻郑，首尾已经两年了。唐强郑弱，长此以往，郑必灭亡。

所谓'唇亡齿寒',郑灭亡了,夏岂能独存?臣为皇上着想,不如救郑却唐。郑、夏两军从内外夹击,唐军必定大败。臣请皇上明察,救郑却唐乃常保三分之势也。如果唐军退后,夏有机可乘的话,可以顺势消灭郑,合两国之兵,乘唐军大败之际攻打关内,京师可得也!"

刘斌的这番议论颇有道理,窦建德也承认这是一个良策。然而,窦建德并没有立即实施这一良策,而是在王世充将要灭亡之时才伸出援手。武德四年三月,窦建德留下心腹大将范愿据守曹州,自己亲率大军西救洛阳。

一路上,窦建德攻城略地,迅速抵达滑州(今河南省滑县)。王世充的行台仆射韩洪开门迎接。接着,窦建德又先后攻克了梁州(今河南省开封市附近)、管州(今河南省郑州市)、荥阳、阳翟(今河南省禹县)等州县,"水陆并进,汛舟运粮,溯河西上"。

王世充的弟弟、徐州行台王世辩也在此时派将领郭士衡率兵数千人与窦建德合兵一处。这时,窦建德手中的大军达10万余人,号称30万,驻扎在成皋(虎牢关附近),筑宫于板渚(在今河南省荥阳市汜水镇东北黄河侧),气势汹汹,企图一举击溃李世民。

(四)

窦建德在抵达成皋之后,立即给李世民写了一封信,请唐军"退至潼关,返郑侵地,复修前好"。见窦建德来势汹汹,李世民不敢专断,急忙召集众将商议对策。但是,唐军将领迅速分化成两派,一派认为应该退军,另一派则坚持认为应乘机消灭窦建德。

前者以屈突通、萧瑀等人为代表,后者以郭孝恪和薛收为代表。郭孝恪说:

"王世充的兵员即将穷尽，已经是囊中之物。如今，窦建德远来援助，这是天意要灭亡他们啊！我建议据虎牢之险抗拒他们，伺机而动，必能将其一举歼灭。"

薛收说得更加明白，他对李世民说：

"王世充固守东都，府库充实，所将之兵皆是江淮精锐，正因为缺乏粮草才被我军击败，退守城内。如今，洛阳粮草已尽，势难久守，窦建德发精锐之师前来救援，一旦两寇合兵一处，转河北之粮供应洛阳，我军就难以取胜了。因此，我军宜分兵守洛阳，深沟高垒，围而不战；大王则亲率精锐去取成皋，击溃窦建德。一旦窦建德失败了，王世充自然也就失败了。"

对于这种观点，萧瑀、屈突通等人坚决反对，劝说李世民退守新安，待窦建德与王世充产生矛盾之时再出战。

针对两种不同的意见，李世民最后说：

"王世充的粮草已尽，上下离心，旦夕之间便可攻克。窦建德刚刚打败孟海公，将骄卒惰，也不足为患。我军据守虎牢关，扼其咽喉，窦建德如果敢冒险争锋，我们就能轻而易举地打败他；如果他狐疑不战，无需一个月，王世充所部就会溃散。这是一举两得的好事情。如果退守新安，贼入虎牢关，诸城新附，必不能守。一旦两贼并力，我们怎么打败他们呢？你们不要再说了，我已经决定了。"

于是，李世民将部队分成两部分，一部分由齐王李元吉率领围困洛阳，由屈突通等人协助；一部分由李世民亲自率领，直取虎牢关。

对交战双方来说，虎牢关的战略地位十分重要。如果窦建德率先抢占了虎牢关，他便可以与王世充取得联系，向城内供应粮草，两军合击李世民所部。如果李世民率先抢占了虎牢关，则可轻而易举地切断王世充与窦建德之间的联系。

　　李世民率部日夜兼程，路经河阳、巩县等地，直奔虎牢关而去。据守虎牢关的是王世充手下大将郑州司兵沈悦。沈悦审时度势，果断派使者向李世民的大将左武侯大将军李世勣请降。李世民立即命左卫将军王君廓夜袭虎牢关，并令沈悦为内应。结果，唐军毫不费力地占领了虎牢关，俘获了荆王王行本及长史戴胄等人。抢先占据虎牢关，使李世民在战略上获得了主动地位。

　　对李世民的指挥才能，窦建德早有所闻。李世民占据虎牢关之后，窦建德认为唐军远离后方，粮草运输不便，又在与王世充交战过程中损失惨重，利于速决。而自己的军队距离后方很近，粮草供应方便，又是新胜之师，宜于久守。因此，窦建德小心谨慎，尽量避免与唐军接触，以拖延时间，消耗唐军的粮草。

　　窦建德所采取的这一战略无疑是正确的。如果两军长期在虎牢关对峙，最后只会以唐军完全失败而告终。

第八章　南征北战

疾风知劲草，板荡识诚臣。

——（唐）李世民

（一）

为诱使窦建德出战，李世民想尽了办法。三月的一天，李世民亲率500名精锐骑兵东出虎牢关10千米，侦察窦建德的军营。他沿途留下大部分骑兵，令李世勣、程知节、秦叔宝分别率领，埋伏在道旁，自己只带着尉迟敬德和4名骑兵向窦建德军营前进。

尉迟敬德善于使槊，李世民善于使用弓箭。两人并肩而行，李世民笑着对尉迟敬德说：

"我用弓箭，公执槊相随，即使敌军有百万之众，又能奈何！"

尉迟敬德哈哈大笑，与李世民纵马来到距离窦建德兵营仅1500米处。窦建德的一支巡逻兵发现了李世民一行人，误以为他们是自己的侦察兵，没有理会。

这时，李世民纵马上前，大声喝道：

"我乃秦王李世民是也！"

说话间，李世民拈弓搭箭，射死为首的一名大将。窦建德闻听李世民轻装简从逼近自己的军营，十分气愤，立即出动五六千名骑兵追击。

李世民见窦建德的骑兵已出，便对随行的骑兵说：

"你们先行，我与敬德殿后。"

几名骑兵领命而去，李世民则与尉迟敬德按辔徐行，故意引诱敌人来追。就在敌人快要追上时，李世民回身便是一箭，射死一人。敌人惊惧，不敢再继续追击，李世民和尉迟敬德就停下来大骂。于是，敌人再追，李世民再射。如此再三，李世民射杀了数人，尉迟敬德则击杀十余人。

就这样，李世民用犹豫徘徊、欲行又止、逐渐退却的方式将敌人引诱到自己的伏击圈内。李世勣等人率领伏兵奋起攻击，大破敌军，斩首数百，并俘获了敌军骁将殷秋、石瓒等人。

虽然这次伏击未能动摇窦建德的根本，但俘虏敌军骁将却使窦建德部队的士气受挫，窦建德也更加不敢出战了。李世民遂写信给窦建德，劝他引兵东去，不要再跟唐王朝作对。窦建德虽然知道自己很难获胜，但又心有不甘。一个多月过去了，窦建德在几次小规模的交锋中屡屡失利，而主力部队又不敢出战。

这时，窦建德的谋士凌敬劝他放弃进攻虎牢关，渡过黄河以进攻山西。凌敬说：

"大王可引兵渡河，攻取怀州、河阳，并派重将守卫。然后再穿过太行，入上党（今山西省长治、晋城一带），攻打汾、晋，直逼蒲津（山西永济西蒲州）。这样做有三个好处：一则那里唐军力量薄弱，可以轻而易举地取胜；二则可以占领土地，收拢人口，加强自身的实力；三则唐王朝会因此而震动，定会派兵救援，洛阳之围自然而然就解除了。"

凌敬的战略设想无疑是高明的。如果付诸实施，李世民因抢先占据虎牢而获得的优势将立即化为乌有。而窦建德挥师进攻山西，李世民又不得不前往救援，致使唐军处于被动地位。

窦建德也认为凌敬的方案可行，准备采纳他的意见。然而，王世充在此时却站出来反对了。他不认为李世民会回师救援山西，因此接连派使者请求窦建德不要放弃直接救援洛阳的作战方案，并暗中用重金贿赂窦建德的部将，阻挠凌敬作战方案的实施。结果，窦建德放弃了凌敬的方案，决定趁唐军粮草将尽之时偷袭虎牢关。

这一消息立即被李世民的谍报人员截获，李世民高兴万分，对部下说：

"窦建德终于肯出战了！这一次，我们就让他有来无回！"

李世民决定将计就计，把窦建德的主力从板渚的军营中引诱出来，聚而歼之。一切准备就绪之后，李世民开始实施他的计划了。

武德四年五月的一天，李世民率兵北渡黄河，南临广武（今山西省广武县），察看敌军形势，同时将千余匹战马留在黄河北岸的河边放牧，诱使敌军出营。

窦建德派出的侦察兵立即返回军营，向窦建德报告。窦建德大喜，认为唐军战马在黄河以北，正是偷袭虎牢关的大好时机。然而他没有想到，李世民在傍晚时分就派人将战马赶回了虎牢关，严阵以待，就等着窦建德前来送死呢！

（二）

第二天，窦建德果然倾巢出动，其大军由北至南横亘10千米，直奔虎牢关而去。唐军将士见状，心生畏惧，不敢出战。

这时，李世民率数名骑兵登上一座小山，看了看汹涌而来的敌军，大声对众将说：

　　"贼起山东，从未遇到过大敌。如今他们气焰嚣张地前来挑战，直逼城池，颇有轻我之心。如果我们按兵不动，他们的锐气就会消失殆尽。等到他们肚子饿了，自然会引兵而去。我们在这个时候再追而击之，定会大获全胜！现在，我与诸公约定，午后就能击溃窦建德的大军！"

　　众将领听罢都将信将疑，但还是按照李世民的吩咐安排去了。一切果然如李世民所料的那样，窦建德颇有轻视唐军之意，他竟然派300名骑兵向西渡过汜水，直到距唐军兵营500米处方才止步。李世民静静地坐在大帐之中，众将则在帐外守候。

　　突然，窦建德的使者前来求见。李世民召逝者进入大帐，厉声问道：

　　"来者何人？"

　　使者依仗己方兵力强大，气势凌人地回答说：

　　"我大夏皇帝请大王选锐士数百名出营交战。"

　　李世民笑道：

　　"请回去告诉窦建德，我军即刻出战！"

　　随后，李世民派大将王君廓挑选200名手持长槊的锐士出营交战。窦建德也挑选了数百名士卒出战。双方搅在一起，激战半晌，未分胜负，各自归营。

　　诸将陪同李世民站在城墙上，观看窦建德的军阵。只见窦建德的部将王琬乘坐着一匹骢马，铠仗甚鲜，异常矫健。李世民不由得赞誉道：

　　"真是一匹良马啊！"

　　边上有知道底细的将士说：

　　"此乃前朝炀帝的坐骑。"

　　尉迟敬德听到李世民赞誉那匹骢马，出列对李世民说道：

　　"末将愿为大王夺得此马。"

　　李世民忙阻止说：

"不行！怎么可以因一匹战马而使我丧失一员猛士呢？"

尉迟敬德不听劝阻，率领高甑生、梁建方两人打开城门，直奔王琬而去。王琬还没有反应过来，就被尉迟敬德拉到自己马上，死死控制住了。高、梁二人趁势牵住那匹骢马，奔回军营。敌阵的将士全被尉迟敬德等人擒将夺马的举动惊呆了，吓得纷纷后退。

午时，李世民命将士们饱餐一顿，喂饱马匹，准备开战。窦建德所部远道而来，又白白紧张了大半天，却饥肠辘辘，疲惫不堪。起初，他们还能保持队形，但很快就按捺不住了，他们纷纷奔到河边，争相饮水。

李世民抓住敌阵松弛懈怠的时机，立即命令宇文士及率300名轻骑经过窦建德军阵的西侧急驰南上。临行前，李世民告诫宇文士及说：

"贼兵如果不动，你就引兵归营；如果贼兵出动，你就引兵东出，冲乱他们的队形。"

宇文士及奉命而去，窦建德果然派兵出击。宇文士及率部冲杀，冲乱了窦建德队形。这时，李世民大声向全军喊道：

"立即出击！"

李世民身先士卒，率领一支轻骑兵直奔敌阵而去。士卒们见李世民如此勇猛，也纷纷翻身上马，东渡汜水，直逼敌阵。窦建德没想到李世民会突然出动，慌忙令将士迎击。两军立即搅在一起，杀得昏天暗地。最终窦建德不敌唐军，稍稍向后退却。

李世民见唐军已经夺得战役的主动权，又马上率一支轻骑绕到敌军背后，张起唐王朝的大旗。窦建德的将士回首见自己军阵的后面都已张出唐军的旗帜，知道大势已去，纷纷放下武器溃散而去。唐军又乘胜追击15千米，斩敌数千，窦建德本人也身中枪伤，被唐车骑将军白士让、杨武威俘虏了。

窦建德被俘,他的部队立即作鸟兽散了。白士让把窦建德押到李世民面前,李世民大声斥责窦建德:

"我自讨王世充,关你什么事?你为什么非要越境而来,犯我兵锋?"

窦建德倒是明白,他哈哈一笑,回答说:

"我今天不来的话,恐怕大王日后还要多走些路前去征伐吧!"

李世民又命人将窦建德押到洛阳宫城下,让窦建德与王世充对话。两人一个站在城墙上,一个站在城墙下,没说上几句就大哭不止。李世民又让王世充的长孙王安世入城向爷爷诉说自己是如何被俘虏的,王世充见大势已去,便身着素服,率太子、群臣等2000余人出城投降了。

李世民东征王世充、窦建德获得了胜利,窦建德所部大部分溃散,被俘者达5万余人。李世民当即命令他们放下武器,各自回乡去了。几天后,李世民便率部押解着窦建德和王世充返回了长安。

李世民的凯旋归来让高祖皇帝非常高兴。庆祝仪式结束后,高祖皇帝便根据李世民的建议将王世充贬为庶人,将窦建德腰斩于市。自此,王世充和窦建德两个强大的军事集团基本上被肃清了。

(三)

自从李渊在晋阳起兵以来,李世民一直跟随在父亲身边南征北战,战功赫赫,其功劳已经超过朝中的任何一个人。如今,他又接连平定了王世充和窦建德,功劳更是盖过了唐高祖本人。究竟封李世民什么官职才合适呢?这件事让李渊费劲了脑筋。

武德四年十月,高祖皇帝终于想到了一个前无古人的头衔——天策上将,其位在王公之上。可以说,除了皇帝和太子,这是普天之下最尊贵的职位了,但李世民的实际权力远比身为太子的李建成要大。

李渊在册封李世民为天策上将的同时，还赐他司徒、陕东道大行台之职，增食邑2万户、通前3万户，赐金辂一乘、衮冕之服、玉璧一双、黄金60斤（折合30千克）、前后部鼓吹及九部之乐，又赐班列40人。至此，李世民所享受的优待连太子李建成都享受不到。

不久，高祖皇帝又下诏，令陕东道大行台尚书省自治法令，设立仆射至郎中、主事等官职，其品秩皆与京师相同，只不过人数要少一些。

就在李世民荣誉加身时，中原地区再次爆发叛乱。原来在窦建德、王世充被俘之后，河南、河北、山东等地原属郑、夏政权的州县纷纷降唐，但李渊在处理窦建德的旧部时犯了一个严重的政治错误。他严令地方官员追索窦建德旧部所藏匿的府库财物，严加审讯当事人，用刑残酷，致使窦建德的故将皆惊惧不安。

但高祖皇帝对窦建德旧部仍不放心，便征召他们入京。这样一来，窦建德的故将范愿、董康买、曹湛及高雅贤等人便聚在一起，纷纷说道：

"王世充以洛阳降唐，其部将段达、单雄信等皆被夷灭。我们如果到了长安，难道能免于一死吗？……唐王朝俘虏了夏王（即窦建德），竟然将其腰斩于市。我们深受夏王大恩，如果不为他报仇，还有何面目见天下人？"

于是，范愿等人前往漳南（今山东省武城县东北），拥护窦建德的部下、故汉东公刘黑闼聚众造反。刘黑闼作战勇敢果断，所向披靡，接连击败了淮南王李神通和李世勣等唐军名将，俘虏唐将薛万均、李玄通等人。唐将秦武通、洺州（今河北永年县广府镇）刺史陈君宾也先后战败，仓皇逃往长安。在短短几个月的时间里，刘黑闼所部便收复了原属窦建德的土地。

与此同时，王世充的旧部徐圆朗也在山东起兵反唐，自称鲁王，只是实力不能与刘黑闼同日而语。

这一消息传到长安后，高祖皇帝大惊，忙问文武大臣：

"现在可怎么办才好呢？"

在唐王朝危难之际，李世民再一次挺身而出，请兵讨伐刘黑闼。高祖皇帝准奏，于武德四年十二月任命秦王李世民、齐王李元吉为元帅，统领大军前往讨敌。

武德五年（622年）正月，刘黑闼自称汉东王，改元天造，定都洺州。他仿照窦建德时期的政治体制，设立文武百官。李世民获悉后，立即催促大军加快行程，进至获嘉（今河南省新乡市西部）。

刘黑闼见李世民来势汹汹，遂放弃相州（非前文中提到的相州，这一相州为今河北临漳县西南邺镇），退保洺州。李世民紧追不舍，进军至肥乡（今河北省肥乡）。此时，已投降唐王朝的幽州总管罗艺率所部数万人马与李世民会合，刘黑闼急忙派弟弟刘十善率部抵抗。李世民击溃了刘十善，俘斩8000余人。

二月，刘黑闼又引兵攻打洺水（今河北省永年县城关），被唐将秦叔宝打败。

唐将王君廓驻守洺水，该城"四旁皆有水，广五十余步"。刘黑闼不甘心失败，又引兵来攻，并于城东北筑两个甬道以攻击唐军。李世民闻讯后大惊，忙引兵救援，结果三次均被刘黑闼抵拒，不能前进半步。

李世民担心王君廓坚守不住，便急召诸将商议对策。面对危急的形势，李世勣不无忧虑地说：

"若甬道通到城下，王将军定然是守不住的。"

这时，行军总管罗士信出列道：

"大王，末将愿率200名精兵前去守城。"

李世民允诺，并亲自登上城南高冢，用旗帜招王君廓。王君廓率部力战，最终突出重围。与此同时，罗士信率领200余人突入城内，替代王君廓固守洺水。

尽管如此，刘黑闼仍然昼夜攻城；又恰逢天降大雨，李世民无法前去增援。罗士信在坚守洺水8天后，终因寡不敌众而兵败被俘。罗士信宁死不屈，被刘黑闼所部杀害，年仅20岁。

不久，李世民率部攻克洺水，在洺水之南安营扎寨。刘黑闼多次前来挑战，李世民都坚守不出，以待良机。两军在洺水附近相持了20多天，小规模的交战不断，各有胜负。有一次，李世民还差一点被刘黑闼所俘，幸亏尉迟敬德杀入重围，将他救了出来。

两个多月过去了，李世民估计刘黑闼的粮草将要耗尽，必定前来决战，便事先在洺水上游截断水流，准备用水淹敌军。

果然不久，刘黑闼亲率2万士卒南渡洺水，企图与唐军展开殊死决战。李世民身先士卒，冲入敌阵，左冲右突，斩杀数十名敌军士卒。唐军将士见李世民如此勇猛，也都奋力相搏，狠击敌军。刘黑闼不能抵挡，慌忙带着亲随逃走了，但他的部下仍在河边死战。

李世民见时机成熟，便令唐军后撤，决堤放水。洺水突然大涨，深达丈余，刘黑闼所部顿时慌乱起来，被淹死者达数千人。唐军也趁乱搏杀，杀敌数万。

洺水之战后，刘黑闼与范愿等人率200名骑兵逃到突厥，企图东山再起。而李世民则携得胜之师顺便消灭了徐圆朗的主力。不久，李世民便令淮安王李神通、行军总管任瓌、李世勣等人为将，留在山东剿灭徐圆朗的残部，自己则班师返回长安。

　　李世民箭法超群，几乎无人能敌。在征伐王世充期间，李世民曾单身被王世充所部包围。他临危不惧，拈弓搭箭，一箭射死了敌军将领。敌军瞬间大乱，李世民趁机突出了重围。

第九章　同室操戈

凡事皆须务本，国以人为本，人以衣食为本，凡营衣食以不失其对为本。

——（唐）李世民

（一）

武德五年七月，李世民回到长安，高祖皇帝亲自出城相迎。为表彰李世民击败刘黑闼、进军徐圆朗之功，高祖皇帝在京师宫城之西营建了弘义宫（后改为大安宫），让秦王李世民住在那里，享受着极高的待遇。

此时李世民的声望、地位与权势与日俱增，在百姓间的影响也迅速提高。与之相比，太子李建成多年居住在京师，协助高祖皇帝治理天下，虽然功不可没，但远不及李世民的功劳显赫。事实上，李世民在被授予天策上将之后就对自己的位子感到不满了，并开始觊觎更高的职位——太子。据史书记载，秦王李世民在开天策府之后，便"锐意经籍，开文学馆以待四方之士。行台司勋郎中杜如晦等18人为学士，每更直阁下，降以温颜，与之讨论经义，或夜分而罢"。

这些说明，在天下即将大定之际，李世民已经不再专注于军事，而是转向了经史。在马背上取天下，以经史治天下，是封建社会的传统。李世民网罗人才、培植私党、锐意经籍，不能说没有觊觎国家最高权力的端倪。

高祖皇帝和太子李建成似乎也觉察到了这一问题。武德五年九月，刘黑闼重返中原，聚众造反，一路攻城略地，来势凶猛。李世民再次主动请缨，愿率部出关镇压，高祖皇帝却没有答应，只是以齐王李元吉为领军大将军进行征讨。结果，行军总管淮阳王李道玄被刘黑闼杀死，唐军大败。刘黑闼乘势收复了原先的土地，进据洺州。齐王李元吉不敌，令部队龟缩在几座城池里，不敢出战。

消息传到长安，高祖皇帝大惊，忙召集文武百官商议对策。李世民再次请缨，表示愿意率部前往救援。文武百官也多赞成派秦王前去讨伐刘黑闼，但李渊却面露难色，太子李建成在一旁也不大自在。

退朝之后，太子中丞王绲和太子洗马魏征向李建成建议说：

"秦王功盖天下，内外归心，但殿下这些年来长期居住在东宫，没什么能让四海镇服的大功。如今，刘黑闼卷土重来，兵不过万，资粮匮乏，若以大军临之，定能一举击溃敌军。殿下应该亲自领兵前往，以取功名，并结纳山东豪杰。只有这样，才能巩固东宫之位。"

李建成沉思片晌，说道：

"此言正合我意！"

第二天早朝，李建成便主动向高祖皇帝请缨，愿率部征讨刘黑闼，并荡平徐圆朗的残部。高祖皇帝大喜，立即答应了太子的这一请求。

高祖皇帝为什么有意扶植长子李建成呢？在漫长的封建社会，立嫡立长是不成文的规矩，而废长立幼常常会招致皇室之乱。也就是说，李渊并不是偏爱李建成才立其为太子并有意扶植他的，而是为了李唐江山的稳固。

武德五年十一月，高祖皇帝任命李建成为陕东道大行台兼山东道行军元帅，统领各路兵马直奔山东而去。李建成采纳了太子洗马魏征的建议，在武力镇压的同时又采用招抚的政策，释放俘虏，安定人心，收效明显。

武德六年（623年）正月，刘黑闼被饶州刺史诸葛德威捉住，送到李建成的大帐。李建成处死了刘黑闼，并解散其残部，平定了刘黑闼叛乱。随后，李建成又率部直奔兖州（今山东省兖州市），围困徐圆朗所部。二月，徐圆朗弃城逃走，被百姓杀死。至此，河北、山东全境全部平定。

与此同时，唐朝大将李孝恭又平定了江淮杜伏威、辅公祏的农民起义军和以江陵（今湖北省荆州）为据点的萧铣政权。至武德七年（624年）三月，唐王朝终于完成了统一大业。

从李渊在长安称帝到天下重归于一统，前后共用了7年时间。在这7年里，李世民南征北战，功勋卓著。与此同时，他还收拢了一大批能征善战的勇将和运筹帷幄的谋臣，如尉迟敬德、程知节、秦叔宝、李世勣、李神通、萧瑀、薛收、房玄龄、封德彝、郭守恪以及妻兄长孙无忌等人，这一切都为他日后登上帝位奠定了坚实的基础。

（二）

随着统一战争的结束，高祖皇帝诸子为争夺皇位而产生的矛盾也日渐激化，尤其是嫡子之间的矛盾。穆皇后，即窦氏共诞下四子，分别为长子李建成、次子李世民、三子李玄霸和四子李元吉，其中李玄霸早夭。这样一来，皇位之争便在李建成、李世民和李元吉三兄弟之间展开了。

按照封建社会立嫡立长的传统，李建成是理所当然的皇储。而且，李建成在西取长安、东征刘黑闼及辅佐高祖处理国家政务时也确实显示出了一定的政治和军事才华。可以说，立李建成为太子的确是比较理想的选择。然而，李世民虽为次子，但在文治武功方面却均比李建成出色，而且战功赫赫。这就导致了矛盾的出现。正如魏征曾对李建成所说的那样，"秦王功盖天下，内外归心"。

四子李元吉也想争夺皇位，但由于他在战功方面无法与李世民相比，在政治实力上也无法跟李建成相比，因此取得成功的可能性很小。于是，他选择了一个比较曲折的夺权路线：先投靠李建成，诛杀李世民，而后再准备杀掉李建成自立。

在满朝文武之中，虽然有宇文士及、萧瑀、陈叔达等倾力支持李世民的大臣，但最受高祖皇帝宠信的宰相裴寂则支持李建成。更为重要的是，高祖皇帝的宠妃张婕妤、尹德妃等人也收受了李建成的贿赂，经常在高祖面前称道太子，说秦王的坏话，致使高祖皇帝对李世民颇为不满。也就是说，在东宫与秦王府之争的初期，形势对李建成是十分有利的。

但李建成也很清楚，舆论上的支持无法彻底解决皇储之争，最后只能付诸武力。东宫、秦王府、齐王府均有自己的卫兵，但东宫和两府的卫士在人数和装备上皆有定例，基本上旗鼓相当。为压倒对方，李世民、李建成均不遗余力地扩充自己的武装力量。

李世民在一点上做得比较谨慎，只是在外蓄养了800名勇士。而李建成则明目张胆地招募2000多名卫兵，驻扎在东宫的左右长林门，号称"长林兵"。李建成知道，自己的军事指挥能力远不如弟弟，唯有在兵力上压倒他，才有胜利的可能。因此在不久后，他又从燕王李艺处调了300名骑兵到京师，秘密安置在宫东诸坊。

李世民得知这一消息后，立即派人向高祖皇帝告发。高祖皇帝闻讯后大怒，狠狠斥责了李建成。由此，李世民与李建成之间的矛盾逐步公开化。

为除掉李世民，李建成派亲信杨文干私自招募壮士，潜藏在京师。不久，高祖皇帝前往宜君（今陕西省宜君）仁智行宫，命太子李建成留守京师，李世民、李元吉随行前往。临行前，李建成把李元吉召到东宫，秘密吩咐他在途中杀掉李世民，并说：

"安危之计，决在今岁。"

高祖皇帝一行出发后，李建成立即命杨文干率部前往庆州（今甘肃省庆阳县），伺机而动。为掩人耳目，杨文干一行均未携带铠甲器械。稍后，李建成又派郎将尔朱焕、校尉桥公山两人到庆州为杨文干运送铠甲兵器。

尔朱焕与桥公山知道这是皇室内部的纷争，一旦把握不好，就可能会诛连自己的九族，因此心里十分害怕，便悄悄赶往仁智宫向唐高祖告密，说：

"太子密令杨文干聚众谋反，企图篡位。"

与此同时，宁州人杜凤举也到仁智宫告发此事，这让高祖皇帝深信不疑，立即亲笔诏书召李建成前来仁智宫。

李建成接到诏书后，万分恐惧，不敢前往。太子舍人徐师谟劝诫道：

"不如据城起事，登基为帝！"

李建成有些犹豫不决。这时，詹事主簿赵弘智出列，劝说道：

"父子之间岂会有大仇？只要殿下轻车简从，前往认罪，皇上一定不会为难您的。"

李建成犹豫再三，最后决定听从赵弘智的建议，前往仁智宫认罪。

准备妥当后，李建成仅率十余名骑兵，星夜抵达仁智宫，向高祖皇帝叩头认罪。高祖皇帝怒气未消，命人将李建成收押起来，以粗茶淡饭供之。同时，他又派司农卿宇文颖急驰召杨文干来仁智宫。

宇文颖到达庆州后，对杨文干实情相告，杨文干大惊失色，犹豫不决，最终在左右的劝诫下决定起兵造反。高祖皇帝闻讯后，立即派左武卫将军钱九陇与灵州（今宁夏吴忠市）都督杨师道率兵前去镇压。或许是钱、杨两位有意放过杨文干，他们"力战"一场，居然未能平定杨文干所部。

高祖皇帝大惊，忙又派李世民前往讨贼。李世民笑道：

"何需儿臣亲去呢？只要儿臣派一员健将即刻活捉杨文干。"

高祖皇帝思忖半晌，缓缓说道：

"杨文干之事牵连建成，不可过于苛责，以防引发更大规模的叛乱，因此你要好生把握，回来后就立你为太子。朕不能效隋文帝，杀自己的儿子，朕会封建成为蜀王。蜀地兵力薄弱，无法威胁京师。日后，他如果能忠心于你，你也要保全他；如果不能忠心，你就是想要废掉他也容易。"

高祖皇帝的这一番话表明，他知道诸子是为争夺皇位而进行斗争的。但作为一个父亲，他不愿意伤害任何一个儿子。

就这样，李世民派人前去讨伐杨文干。然而在这期间，嫔妃们及封德彝都纷纷为太子李建成说情，这让高祖皇帝又改变了易立太子的主意。

待回到京师后，高祖公开责怪李建成不应兄弟不睦，并说这次兄弟相残的事件完全是由太子中丞王绹、左卫率韦挺、天策府兵曹参军杜淹等人挑起的，然后将他们一并流放到嶲州去了，这次事件也就不了了之了。

（三）

武德七年七月，秦王李世民领军追击到宁州，迅速击溃了杨文干所部。就在这时，突厥突然入侵并州，兵锋直指关中。朝中有人向高祖皇帝建议说：

"突厥突然来犯，无非是因为皇室与金银府库皆在关中而已。不如焚烧长安而迁都，突厥之患自然就平息了。"

这是个十分荒唐的建议，但高祖皇帝却深以为然，并真的准备焚烧长安，迁都到樊、邓一带。太子李建成、齐王李元吉、宰相裴寂等人也纷纷附和，表示赞成。萧瑀虽然知道这并非长久之计，但却和大多数大臣一样，谨言慎行，不敢进谏。

这时李世民站出来反对说：

"戎狄之患自古有之。陛下圣武龙兴，光复华夏，精兵百万，所征无敌，怎么能因为胡寇扰边就骤然迁都以避之呢？这岂不是贻羞四海，让后世所笑的举措吗？西汉时期，霍去病仅仅是朝廷的一员大将，犹志灭突厥；儿臣不才，愿假数年之期消灭突厥，俘虏颉利可汗，送到阙下让陛下处置。如果儿臣无法完成大业，再迁都也不晚啊！"

唐高祖认为李世民讲得很有道理，便准备派他出征，但李建成却站出来反对说：

"二弟是在说大话吧！突厥一向凶悍，历朝都未能彻底击溃他们，你又有什么才能呢？"

李世民据理力争，与李建成在朝堂之上争论起来，直到高祖皇帝喝止，兄弟俩才停止争吵。高祖皇帝见一时不能决断，便说：

"我儿均为大唐基业着想，让朕甚为欣慰。此事容朕再考虑考虑。"

退朝之后，李建成立即用重金贿赂高祖皇帝的妃嫔，让她们在高祖面前说秦王的坏话。因此，刚高祖皇帝来到后宫时，妃嫔们纷纷说道：

"突厥虽然屡为边患，但每次都是得了些好处就撤退了。如今，秦王外托御寇之名，实际上是想把持兵权，企图篡位啊！"

高祖喝止了众妃嫔的谗言，愤然离去。他知道，李世民兄弟之间的争斗已经蔓延到后宫了，再发展下去将不可收拾。于是，他千方百计想办法平衡李建成与李世民的势力，让他们和睦相处，迁都一事也因此被搁置下来。

一天，高祖皇帝特地带着三个儿子到城南打猎。李建成见李世民的坐骑膘肥体壮，是不可多得的良马，便派人上前讨要。李世民装作没听见，宇文士及上前说道：

"太子讨要坐骑，如若不给，恐怕会得罪他。"

李世民愤然说道：

"他难道会因此而杀了我吗？死生有命，他岂能伤得了我！"

使者回到李建成跟前，将李世民的话添油加醋地告诉给太子。李建成大喜，立即派人去贿赂高祖皇帝的妃嫔，让她们继续在皇帝面前说李世民的坏话。

回到宫中，妃嫔们纷纷对高祖皇帝说：

"臣妾听说，秦王今天在猎场上说：'我有天命，方为天下主，怎么会随便就死了呢？'"

高祖皇帝听后大怒，立即召见李世民查问此事。李世民没说过这样的话，自然是不会承认了。

高祖皇帝怒道：

"难道朕的妃嫔会冤枉你吗？立即立案查验，如果属实，绝不轻饶你！天子自有天命，并不是人力可及的，你又何必如此心急呢？"

李世民闻言，急忙摘掉帽子，伏在地上，大声说道：

"儿臣没有过错，请陛下明察！"

就在此时，前哨来报，突厥又气势汹汹地来进犯了，请高祖皇帝立即派兵迎敌。高祖皇帝这才敛容劝慰李世民，要他戴上帽子，立即领兵迎击匈奴。

为防止李世民专权，高祖皇帝要他与齐王李元吉共同领兵，出幽州抵御突厥。从此后，每当突厥来犯，高祖皇帝都会派李世民前往抵抗，李世民每次也都不负使命。但正因为功劳日盛，他与李建成之间的矛盾也变得更加尖锐了。

第十章　血溅玄武

取本分之财，戒无名之酒。常怀克己之心，闭却是非之口。

——（唐）李世民

（一）

李建成见诬陷李世民未能奏效，便在夜间设宴，邀请李世民前往东宫饮酒，李世民欣然前往。想不到，李建成竟暗中在李世民的酒中投毒。李世民饮后心痛，吐血数升，在淮安王李神通的搀扶下才回到弘义宫。

高祖皇帝爱子心切，闻知李世民病重后，慌忙到弘义宫探视。李神通告诉高祖皇帝，秦王之病是在东宫饮酒中毒所致，高祖皇帝沉思片晌，默默离开了。

第二天，高祖皇帝便敕令李建成说：

"秦王向来不能饮酒，以后不要再召他到东宫夜饮了。"

由此可见，作为人主，高祖皇帝在李世民与李建成之争中是站在李建成一方的；但作为人父，他不愿意伤害任何一个儿子。

为避免发生兄弟相残的恶性事件发生，高祖皇帝决定将李世民遣往东都洛阳。一天，他召见李世民，语重心长地说：

"倡议起兵反隋，击溃各路势力，这都是你的功劳，我本来打算立你为嗣的，但都被你拒绝了。建成年长，为嗣已久，我不忍心夺他的皇储之位。如今你们兄弟不能相容，同处京师肯定会爆发冲突。朕想把你调往洛阳，陕西以东皆由你治理，令建成仍为太子。"

这段话出在《旧唐书·太宗本纪》，是李世民当上皇帝之后，由其史官记录的。因李世民在做皇帝期间打破了历朝在位皇帝不能观看当朝史书的传统，要史官将拟好的文稿送给他审阅，其中难免有失实之处。但高祖皇帝可能确实想支开李世民，只是到底有没有多次要立李世民为嗣，而李世民是否多次拒绝，就不得而知了。

李世民退出后，打算按照高祖皇帝所言，率天策府群臣到洛阳发展。他的谋臣房玄龄、杜如晦闻之后都高兴万分，说道：

"大王一旦前往洛阳，则大业可成！"

李世民心里也十分高兴，只是没有表现出来。留在京师，他的势力与李建成、李元吉相比都处于下峰，恐难成事。而到了洛阳，天高皇帝远，且又有土地和军队，一旦挥师西进，李建成与李元吉就都不是他的对手了。

太子李建成与齐王李元吉自然也知道其中的利害关系，因此李建成对李元吉说：

"如果秦王迁到洛阳，手中有了土地和军队，我们就没办法制衡他了。不如把他留在长安，这样的话，他只不过是一个匹夫罢了，我们随时都可以杀掉他。"

李元吉深以为然，遂与李建成一起指使各自的心腹向高祖皇帝告密：

"秦王左右大臣听说要迁往洛阳，个个都喜形于色。以秦王的志向来看，他迁往洛阳之后，恐怕再也不会回来了。"

李建成又派近臣向高祖皇帝陈说利害，高祖皇帝犹豫不决，渐渐改变了主意。于是，令李世民前往东都洛阳之事又不了了之了。

自此之后，兄弟三人之间的矛盾更加尖锐。双方剑拔弩张，随时可能爆发流血事件。李建成、李元吉不遗余力地贿赂后宫妃嫔和朝中重臣，让他们在高祖皇帝面前说李世民的坏话；他们还拉拢李世民的心腹大将，驱逐他的谋臣。面对这些，李世民都不动声色，只是暗中应付着一切。

天长日久，高祖皇帝渐渐产生了废黜李世民的想法。这时，竭力支持李世民的大臣陈叔达劝谏说：

"秦王有大功于天下，不可废黜。况且秦王生性刚烈，如果抑制他，定会令他忧愤成疾，一病不起。到时候，陛下恐怕悔之莫及。"

高祖皇帝到底是爱子心切，担心李世民会有什么三长两短，便放弃了这一想法。然而，李建成却紧逼不舍，立即派李元吉出面，秘密请求高祖皇帝诛杀秦王。高祖皇帝见兄弟间已经到了兵戎相见的地步，不由万分痛心。他凄然说道：

"世民有定天下之功，又没有什么大的罪过，为何非要杀他呢？"

李元吉立即道：

"秦王初平东都之时便有不返之意，且散钱帛以树私恩，又多次违反敕命，这不是谋反是什么？但请父皇速速杀掉他，以绝后患！"

李元吉说李世民多次违反高祖皇帝的敕命，这倒是事实。当时，皇帝下发的命令叫"敕"，太子下发的命令叫"令"，亲王府和齐王府下发的命令叫"教"。李建成与李世民等人为了培植自己的势力，纷纷向地方政府下达"令""教"，而这些"令""教"往往与高祖皇帝的"敕"相违，弄得地方官员无所适从，只能以"敕""令""教"到达的先后顺序为准实施。

（二）

　　高祖皇帝虽然没有答应李元吉诛杀李世民的请求，但也没有怪罪李元吉提出的这一动议。这就等于明确告诉李元吉，他在太子与秦王之争中是站在李建成一边的。于是，李元吉便禀明李建成，兄弟俩也加快了除掉李世民的步伐。

　　无论是在后宫还是前朝，李建成与李元吉的势力均比李世民强大，但其府中的谋臣与武将却远远不及秦王府。为进一步削弱李世民的势力，李元吉千方百计地拉拢、收买秦王的心腹猛将尉迟敬德。但尉迟敬德对李世民忠心耿耿，不为所动。

　　李元吉无奈，便在高祖皇帝面前诬陷尉迟敬德，并将尉迟敬德下狱审讯。多亏李世民全力营救，尉迟敬德才得以释放，免去一死。

　　接着，李建成、李元吉又用重金收买秦王府的段志宏。段志宏同尉迟敬德一样，也拒不接受金帛，并将此事汇报给李世民。

　　与此同时，他们还污蔑秦王的另一位心腹猛将程知节，令高祖皇帝将其贬为康州（今甘肃省成县）刺史，调出秦王府。

　　李世民的两位主要谋士房玄龄和杜如晦也深受其害，被高祖皇帝驱逐出秦王府，不准私下觐见秦王。

　　面对李建成与李元吉的步步紧逼，李世民不得不采取相应的对策。房玄龄在离开亲王府之前，劝李世民发动兵变，先下手为强。李世民遂就此事向灵州大都督李靖、行军总管李世绩询问对策，李靖与李世绩都认为这是关系皇帝骨肉之间的大事，均未表态。

　　房玄龄和杜如晦离开秦王府之后，李世民又与心腹长孙无忌、高士廉、右侯车骑将军侯君集及尉迟敬德等人日夜商议。史书为了美化李世民，说这次密谋是长孙无忌等人"日夜劝世民诛建成、元吉，世民犹豫未决"。

武德九年（626年），突厥郁射可汗率数万骑兵直逼河套地区，进驻黄河南岸，围攻乌城。高祖皇帝大惊，急忙召集群臣商议对策。按惯例，突厥来犯，应该由李世民率部抵抗。但李建成担心李世民在关键时刻把持兵权，便建议高祖皇帝任命李元吉为元帅，命燕王李艺为将，率部北上。高祖皇帝采纳了这一建议，命李元吉督右武卫大将军李艺、天纪将军张瑾等救援乌城。

出发前，李元吉又向高祖皇帝请求调秦王府中的尉迟敬德、程知节、段志宏、秦叔宝同大军一道北征突厥，并从秦王府中挑选精锐士卒补充军队。很显然，李元吉这样做是为了进一步削弱李世民的势力，以便诛杀秦王。

李建成的野心更大，他对李元吉说：

"既得秦王精兵，统数万之众，谁敢抗衡？大军北上之日，我与秦王到昆明池为你设宴饯别。席间，你令壮士把他拉到幕下处死，就说他企图叛乱，皇上没有不相信的道理。到时候，我再让人劝谏，让皇上逊位于我。一旦我登上大宝，就封你为太弟。尉迟敬德等人都在你的手上，秦王府的其他人怎敢不服？"

其实，李建成与李元吉的密谋被太子率更丞王晊知道了。王晊早已被李世民收买。除王晊外，掌管东宫宿卫的常何也已被李世民收买，李世民的手段比李建成和李元吉隐秘得多。李建成根本不知道王晊和常何已经是李世民的人，仍然对他们委以重任。

王晊将李建成与李元吉打算诛杀李世民的消息送到秦王府，李世民立即将蓄养在外的800名勇士征召入宫，并召见长孙无忌、尉迟敬德等人商量对策。长孙无忌等人劝李世民抢先动手，李世民感叹道：

"骨肉相残，古今大恶。虽然祸在朝夕，但若等他们先行不义，我等再以义讨之，也可以啊！"

尉迟敬德忙上前说道：

"谁也不希望杀人，但众人都想置您于死地，这是上天要我们先下手啊！如今祸在旦夕，但大王却不以为忧。纵然您不爱惜自己的性命，也不能不顾江山社稷的安危呀！如果大王不用敬德之言，敬德就不能再留在大王身边了。我将窜身草泽，交手受戮！"

长孙无忌也在一旁说：

"大王，如果您不从敬德之言，大业真的难成啊！敬德等人走了，无忌也会相随而去，不能再追随大王左右了！"

李世民沉思一会儿，又缓缓说道：

"我所说的不能不考虑清楚，你们再商量商量别的对策吧！"

（三）

李世民在危难之际因顾惜手足之情而犹豫不决，让长孙无忌和尉迟敬德颇为着急。尉迟敬德大声说道：

"大王行事一向果断，今天怎么这么犹豫呢？处事有疑，非智也；临难不决，非勇也。大王既然已经把蓄养在外的800余名勇士调入，就已经骑虎难下，大王安得已乎？"

实际上，李世民也倾向于先发制人，只不过要在骤然间诛杀自己的同胞兄弟，无论是谁都会犹豫的。于是，李世民便就此事询问府中的幕僚，幕僚们也都主张立即采取行动。李世民依然犹豫不决，又令左右占卜以定吉凶。幕僚张公谨见此情景，上前一把夺过占卜用的龟甲，将之掷在地上，愤然道：

"大难当前，还占什么卜？如果卜而不吉，又能怎么办？"

说罢，张公谨将占卜用的蓍草一把折断，丢在地上，坚定地看着李世民。

在这种情势之下，李世民才猛地站起来，下定决心说道：

"既然这样，成败就在此一举了！"

随后，李世民将尉迟敬德、长孙无忌等人召入后堂，秘密商议兵变计划；又令长孙无忌秘召谋士房玄龄、杜如晦等人入府中商议大事。但房玄龄回答说：

"皇上已敕令草民不得再服侍秦王。如果今日私下觐见的话，必定会被诛杀，故不敢从命。"

睿智的房玄龄知道，李世民此时虽然表示愿意发动政变，但其实内心仍有犹豫，所以才说出这番话来刺激他。

李世民果然生气了。他接下佩刀递给尉迟敬德，大声喝道：

"玄龄、如晦难道要背叛我吗？你去召他们前来。如果不来的话，就砍掉他们的脑袋，提来见我。"

尉迟敬德深知房玄龄和杜如晦是在用激将法促使秦王下定决心，因此他和长孙无忌领命来见房、杜二人时，高兴地说：

"大王已经下定决心了，你们快快随我入府商议大事吧。我们四个人不便一起在路上行走，烦请二公装扮成道士跟随长孙大人一起入府，末将从后门进去。"

武德九年（626年）六月二日深夜，李世民、房玄龄、杜如晦、长孙无忌和尉迟敬德等人秘密制定了兵变计划。

第二天，太史令傅奕在李世民的授意下向高祖皇帝密奏说：

"太白星再次出现在秦地分野上，这说明秦王当有天下。"

高祖皇帝忙嘱咐傅奕道：

"此事不可向外宣扬，暂且保密，待朕慢慢思量。"

傅奕离开皇宫之后，李世民便亲自前去觐见高祖皇帝，密奏道：

"建成、元吉与张婕妤、尹德妃淫乱。这件事儿臣本不想说出来，但事关人伦，儿臣不敢隐瞒。再说，儿臣不曾有丝毫辜负太子与齐王之处，但他们却千方百计要诛杀儿臣，想为王世充和窦建德报仇。儿臣如今枉死，永违君亲，魂归地下，实在没有面目去见昔日被儿臣击溃的贼人们！"

李世民的这番话让高祖皇帝想起了他昔日的战功，似有所动。他对李世民说：

"朕明天会召建成和元吉入宫，当面问清楚。以后如果有什么异动，你就早点告诉朕。"

李世民领命而去，回到秦王府后，向尉迟敬德、长孙无忌、侯君集、张公瑾等人做了安排，准备在次日清晨发动兵变。

（四）

六月四日清晨，高祖上朝，裴寂、萧瑀、陈叔达、封德彝、宇文士及等大臣已分列站定，只等着李建成兄弟三人前来了。此时，太子李建成和齐王李元吉并马而行，已缓缓进入玄武门。这一天，守卫玄武门的正是已被李世民收买的常何。他私下将李世民、尉迟敬德等人引入玄武门内埋伏起来，只等李建成和李元吉前来送死了。

李建成与李元吉也并非无能之辈。当他们行至临湖殿时，就发觉四周有些异常，因而急忙拨转马头向玄武门外冲去。李世民见状，一马当先冲了出来，大声喝道：

"李建成、李元吉，哪里去？"

李元吉慌忙拈弓搭箭，回身射击。由于事出突然，过于紧张，李元吉未等张满弓便把箭射了出去。李世民侧身躲过，紧追不舍，李元吉又回头连射两箭，均未射中。这时李世民已经拈弓搭箭，一箭射死了李建成。

此时，尉迟敬德也率70余骑赶到了。士兵们张弓乱射，李元吉慌忙下马逃入林中。李世民纵马追击，被树枝挂住衣服，掉下马来。李元吉见状，猛地跳过来，一把夺过李世民手中的弓，套在他的脖子上，想把李世民勒死。

据史书记载，李元吉力大无穷，凶悍无比，能以一当十。李世民挣脱不开，眼看就要被李元吉勒死了。就在此时，尉迟敬德跃马而至，大声喝道：

"贼人哪里去！"

李元吉自知不是尉迟敬德的对手，慌忙丢下李世民向武德殿方向逃跑。尉迟敬德搭箭张弓，一箭射死了李元吉。

李建成被杀后，太子宫中的谋士与武将纷纷逃亡，但也有些忠心之人企图留下来为太子报仇。东宫的翊卫车骑将军冯立闻知李建成在玄武门被杀，不禁感叹道：

"岂有生受其恩而死逃其难乎！"

因此，冯立、副护军薛万彻、谢叔方等人立即集结东宫、齐王府的2000名精兵，驰趋玄武门。李世民的心腹大将张公瑾见状，急忙关闭城门，将冯立的军队挡在城外。尉迟敬德等人则领兵出城迎敌，两军混战在一起。

在战斗中，薛万彻扬言要攻打秦王府，这让李世民的将士大为惊恐，渐处下峰。此时尉迟敬德跃马回城，手起刀落，砍掉了李建成和李元吉两人的头颅，提到阵前，大声喝道：

"贼人李建成与李元吉已死，诸公为何不顾惜自己的生命？"

众人见太子和齐王已死，立即作鸟兽散，向城外逃跑了。薛万彻与数十骑逃入长安城南的终南山中，冯立则不知去向。

从理论上说，兵变至此理应结束了，但秦王李世民此时已29岁，且早有登基称帝之心，因此他绝不会舍弃这大好良机，再受制于父亲了。于是，李世民立即派尉迟敬德以保护高祖皇帝为名率兵进入皇宫。

尉迟敬德全副武装，骤然出现在高祖皇帝身边，吓坏了朝中的文武百官。高祖皇帝大声问道：

"今日是谁在玄武门作乱？你率兵入宫来干什么？"

尉迟敬德大声回答说：

"太子、齐王在玄武门作乱，秦王已经举兵诛杀了他们。秦王担心此事惊动陛下，遂遣臣入宫宿卫。"

高祖皇帝闻知李建成、李元吉已被李世民所杀，又见尉迟敬德全副武装地前来"宿卫"，不禁黯然泪下，黯然地对裴寂等人说：

"想不到竟然会出现今天这样的事情，朕到底该怎么办啊？"

裴寂素来是支持李建成的，如今李建成已死，他深感自己的处境不妙，因此心事重重，默不作声。而一向支持李世民的萧瑀、陈叔达则趁机向高祖皇帝进言道：

"李建成、李元吉本来就没安好心，又无功于天下，嫉妒秦王功高望重，企图谋害秦王。如今，秦王既然已经讨而诛之，也就罢了。秦王功盖宇寰宇，百姓归心，陛下如果能委之国事，天下定然太平。"

高祖皇帝见李建成、李元吉被杀，尉迟敬德已前来"宿卫"，萧瑀、陈叔达又向自己表明唯有"委之国事"，才能天下太平，便立即明白了一切。无奈之下，他只好当即表示：

"讲得好！这也正是朕多年的夙愿啊。"

随后，尉迟敬德又请高祖皇帝下达亲笔敕令，令各路兵马听候秦王指挥，高祖皇帝不得不听从。天策府司马宇文士及立即捧着皇帝的敕令到玄武门宣读，交战双方纷纷放下兵器，相继散去。

随后，高祖皇帝下诏书大赦天下，"凶逆之罪，止于建成、元吉，自余一律不予追问。国家庶事，皆取秦王处分。"

次日，高祖皇帝便昭告天下，立李世民为太子，诏书中说：

"自今军国庶事，无大小悉委太子处决，然后奏闻。"

这也就是说，高祖皇帝已把全部权力都交给了李世民。皇帝健在而以东宫治理天下，这在历史上是不多见的反常现象，也是由"玄武门之变"直接引起的。这场事变没有正义与非正义之分，完全是父子、兄弟之间为争夺皇位而进行的兄弟相残、父子相煎！

有一年关中大旱，民不聊生，百姓困苦不堪，太宗李世民闻知有百姓为了生存下去不得不卖掉自己的孩子，潸然泪下，急忙令御史大夫杜淹出巡，并从国库开支，让他们去赎回被卖的儿童，将孩子送还给他们的父母。

第十一章　贞观之治

今中华强盛，徒兵一千可敌夷狄数万，夷虽众，有何惧哉！
想当年伟大汉人何等强大，我大汉子孙何日方能重吐此言？

——（唐）李世民

（一）

李建成、李元吉死后，李世民下令诛杀了李建成的4个儿子和李元
吉的5个儿子，斩草除根。这反映了封建社会皇权争夺战的残酷性。不
过，这样做在一定程度上也保证了皇权的稳固性。

李世民本打算将李建成和李元吉左右的百余人一并处死，但被尉迟
敬德劝止了。尉迟敬德说：

"这次事件罪在二凶，而不在其身边之人。二凶已经伏诛，若波及
余党，恐怕会造成更大的混乱。"

李世民也知道事变之后最需要的是稳定，只不过，他担心李建成和
李元吉的旧部会以他"弑兄杀弟"为由而聚众叛乱。经尉迟敬德这么
一提醒，李世民立即醒悟过来，遂对李建成、李元吉的旧党采取了宽
大的安抚政策。

这一政策起到了良好的效果，曾率部在玄武门与秦王勇士拼杀的冯

立、谢叔方、薛万彻等人纷纷出来自首。李世民非但没有追究他们的责任，还称赞他们"此皆忠于所事，义士也"。李建成的谋士王珪、魏征、韦挺等人也都得到了重用，被授予谏议大夫之职。

李世民所采取的宽大政策不仅化解了敌对势力，还网罗到了一批出色的文臣武将，其中的魏征后来就成为李世民最为得力的助手之一。

为进一步消除自己"弑兄杀弟"的不良影响，李世民追封李建成为息王，以礼安葬，并允许魏征、王珪及原东宫、齐王府的幕僚为其送葬，令皇子赵王李福为李建成的后嗣。而他本人也"痛哭流涕"，演了一场好戏。

经过这一系列的努力，玄武门之变的余波渐渐平息，李世民也牢牢地控制了天下的局面。

所谓"一朝天子一朝臣"，李世民虽然还只是太子，但已经牢牢掌握了国家政权。现在，他要做的第一件事就是任免官吏，为参与政变的有功人员加官晋爵，同时罢免一批旧有的官员，从组织措施上巩固自己的政权。

六月十一日，李世民任命宇文士及为太子詹事，长孙无忌、杜如晦为左庶子，高士廉、房玄龄为右庶子，尉迟敬德为左卫率，程知节为右卫率，虞世南为中舍人，褚亮为舍人，姚思廉为洗马。这些人都是李世民的心腹，大多参与了玄武门之变。这些官员虽然只是在太子宫中任职，但由于太子实际上已把持了国家政权，他们也就代替了朝廷的要员，开始处理军国要务了。

六月底，李世民下令"罢天策府"，正式搬进太子宫。七月，他又任命秦叔宝为左卫大将军，程知节为右武卫大将军，尉迟敬德为右武侯大将军，高士廉为侍中，房玄龄为中书令，萧瑀为左仆射，长孙无忌为吏部尚书，杜如晦为兵部尚书，宇文士及为中书令，封德彝为右仆射，前天策府兵曹参军杜淹为御史大夫，中书舍人颜师古、刘林甫为中书侍郎，左卫副率侯君集为左卫将军，左虞侯段志宏为骁卫将军，副护军薛万彻为右领军将军，右内副率张公谨为右武侯将军，右监门率长孙安业为右监门将军，右内副率李客师为领左右军将军。

高祖皇帝一朝的大臣，李世民也都一一重新任命职位，如宰相裴寂被任命为司空，左右仆射陈叔达、杨恭仁仍任原职。原东宫、齐王府的一些官员，如魏征、王珪、韦挺等人，也均得到了重用。

李世民在如此短的时间内就调整了太子宫与朝廷文武官职的事实表明，太子官府已不再作为国家的临时最高决策机构行使其职能了。也就是说，李世民已在为正式登基进行组织准备了。

八月初，高祖皇帝下达诏书，传皇帝位于太子李世民，自称太上皇。李世民"一再推辞"，高祖皇帝"不许"。于是，李世民便在东宫显德殿登基为帝，史称唐太宗。

（二）

登基的第二年正月，唐太宗李世民便昭告天下，改元贞观。历史上著名的"贞观之治"就此拉开了帷幕。

太宗一朝所创的"贞观之治"是从加强中央集权、完善政治制度开始的。隋朝统一中华大地后，结束了魏晋南北朝以来数百年分裂割据的局面，随即在制度方面也进行了全面的改革。但因隋朝存在时间过于短暂，这场改革在中途就被迫停止了。

李渊称帝之后，国家分崩离析，他便将主要精力都用在了统一战争上，根本无暇顾及制度问题，所沿用的基本上也都是隋朝的制度，因此也有了"唐承隋制"的说法。

到贞观元年（627年），国家已经统一，唐太宗李世民便开始着手进行政治改革，进一步完善三省六部制。

三省六部制是从魏晋时期开始逐步形成的，到隋朝时已正式确立。李世民对三省制度进行了适当的改革，主要是对三省的职权及其相互制约关系做出了明确的规定，创立了崭新的宰相制度，进一步加强了皇权。

所谓的"三省"，是指中书省、门下省和尚书省。中书省是负责制定政策的机要部门，相当于今天的立法机关。中书省的最高长官为中书令，下属中书舍人若干，负责进奉章表，草拟诏敕策命等，即所谓的"中书出诏令"。

门下省主管封驳审议，职能类似于今天的司法、监督部门。该省的最高长官是侍中，下属给事中若干，负责对中书省所拟定的诏敕提出不同意见，涂窜奏还，即所谓的"门下掌封驳"。

尚书省是执行政令的最高机关，相当于今天的行政机构。尚书省下属吏、户、礼、兵、刑、工六部，最高长官是尚书令，下设左右仆射。因太宗曾经担任过尚书令一职，所以贞观一朝便不再设此职务，左右仆射便成为尚书省的最高长官，属官为左右丞。

中书、门下、尚书三省的最高长官均为宰相。从三省的职能可以看出，三省相互制约，关系密切，被太宗称为"机要之司"。

根据唐王朝的规定，左、右仆射的官衔为正二品，中书令、侍中皆为正三品。由于宰相的品位高、职权大，一般不轻易授人，按规定，中书令、侍中皆置两人，而事实上常常不能满员。

唐朝初年，百废待兴，朝政繁杂，又有种种复杂的政治斗争和军事斗争，正是需要大力提拔人才的时候，尤其需要宰相们发挥重大的作用。但如果按照官位循资而升，许多有才有识的官员就会因品位低下而不能参与军国大事。等登上了宰相的职位，大多都已老迈，精力不够，且容易因循守旧，缺乏革旧鼎新、祛除陋习的勇气。

这种情况与唐初的政治需要是极不相称的。有鉴于此，太宗经常任命一些品位较低的官员同三省长官一起参与朝政，让他们与宰相共同参议朝政、平章国计、专典机密、参议得失、参知政事等。这些人实际上就是临时宰相，且人数没有限额，由皇帝按需要随时提拔。

御史大夫杜淹就曾参与朝政，秘书监魏征也曾参与朝政，太子詹事李世绩也曾"同知政事，始谓同中书门下三品"，实际上是行使了宰相的职权。这种新的宰相制度充分发挥了集体的智慧，既可减少决策上的失误，又能较理想地解决皇权与相权之间的矛盾。

在改革三省六部制的同时，太宗还不时根据需要调整各省的官员。到贞观三年（629年），房玄龄和杜如晦开始分别担任左、右仆射。据史书记载，"玄龄善谋，如晦能断"，"二人深相得，同心殉国，故唐世称贤相，推房、杜焉"，所以历史上又有了"房谋杜断"之说。

到贞观三年（629年）前后，太宗对中央政府官制的改革已基本完成，三省六部制度已正式确立，从而开始有效地发挥其国家政权中枢的职能。与此同时，太宗也完成了各省各部官员的调整，平稳地实现了新旧时期的过渡。一时间，太宗身边人才济济，为历代所罕见。

在一次宴会上，众宰相侍宴于太宗的身旁。太宗看着他选拔上来的宰相，心里十分高兴，便对身旁的侍中王绲说：

"爱卿识鉴精通，又善于谈论，你来品评一下诸位宰相，并说说他们与你相比如何？"

王绲深深一躬，回答说：

"兢兢业业，知无不为，忠心为国，臣不如玄龄；出将入相，臣不如李靖；敷奏详明，出纳惟允，臣不如温彦博；处繁治剧，众物毕举，臣不如戴胄；耻君不及尧、舜，以谏争为己任，臣不如魏征。至于激浊扬清，嫉恶好善，臣于数子，亦有微长。"

说罢，王珪又向太宗深鞠一躬。太宗深以为然，微笑道：

"爱卿的品评的确精道！"

众宰相见王珪道出了各自的长处，自然十分得意。房玄龄、李靖、温彦博、戴胄、魏征等人都连声赞道：

"精道！果然精道！"

太宗皇帝在改革政治制度的同时，还大量撤并州县，精简中央和地方政府的官员，节省财政开支。据《新唐书·百官志》记载，中央政府共置文武官员640名（《新唐书·百官志》记载为730员）。太宗严令，"不可超授官爵"，因此将中央政府的官员限定在六七百人之内。这不但节约了财政开支，还大大提高了中央政府的工作效率。

在地方上，唐太宗所采取的措施主要是撤并州县，将州、郡、县三级制改为州、县二级制。唐初，高祖皇帝为安抚各地新归顺的义军和隋朝旧部，大量设置州县，导致了"民少吏多"局面的出现，而太宗撤郡、并州县的措施大大改善了这一局面。

（三）

到贞观年间，魏晋以来的门阀制度已基本消亡，但由此而衍生的门第观念在民间仍有极强的影响力。李世民出身于陇西军事贵族之家，按理说，他在取得国家政权之后，陇西的世族地主无论在政治地位上，还是在社会声望方面，都应该比山东、江南各地的世族地主高。但实际情况并非如此，这些人虽然身居高位，但在民间的影响力却远不及山东、江南一带传统的世族地主。

　　昔日山东的世族地主，如崔、卢、李、郑、王等家族，在社会上仍享有很高的名望。唐初的一些公卿宰相为抬高自己的社会地位，不惜陪送巨额资产，与日趋衰微的山东世族联姻。皇室成员想要与他们联姻，竟然还得排在山东世族之后。一些因军功而晋身统治集团上层的庶族地主虽获得了很高的政治地位，但因社会声望较低，时不时地还会遭受旧世族出身的官僚的奚落。高祖皇帝李渊曾对此十分不满，但又无可奈何。

　　这种根深蒂固的现象在某种程度上影响了行政效率和社会稳定。由于社会声望不高，唐王朝皇室对百姓几乎没有什么号召力；地方官员在实施国家政策之时也多受世族地主的轻贱和百姓的消极抵抗。

　　这种种现象都表明，旧的门阀制度及由此而衍生出来的门第观念已经无法同唐王朝的上层建筑相适应了。到贞观年间，唐太宗便开始着手改变这一现象。

　　太宗所采取的主要措施是重修《氏族志》。一天，太宗对尚书左仆射房玄龄说：

　　"山东崔、庐、李、郑等四姓虽然已经衰落多年，但却依仗旧有的土地和声望妄自尊大，自称士大夫。每每嫁女他族，一定要广索聘财，以多为贵，论数定约。这简直和市场上买卖财物没什么区别，伤风败俗，扰乱礼节。这种状况应该改变了。"

　　房玄龄答道：

　　"这是门第观念所致，必须从根本上着手。"

　　太宗深以为然，立即诏令吏部尚书高士廉、御史大夫韦挺、中书侍郎岑文本、礼部侍郎令狐德棻等人主持撰修《氏族志》。撰修的原则是"刊正姓氏，普责天下谱谍，兼据凭史传，剪其浮华，定其真伪，忠贤者褒进，悖逆者贬黜"。

很显然，唐太宗是要众人以天下姓氏对唐王朝的贡献，即官位高低为原则来撰修《氏族志》，从而达到提高皇室、皇亲、陇西世族和众多庶族出身官僚的社会地位。但高士廉等人编撰的《氏族志》却没有遵循这一原则，而是将黄门侍郎、山东崔民干列为第一等。由此可见，当时的门第观念是何等严重。

唐太宗在审阅了《氏族志》后，大为恼火，怒气冲冲地对高士廉说：

"汉高祖与萧何、曹参、樊哙等都出身布衣，你们至今仍然推崇他们，将其列为英贤，这里哪有世禄和门第的缘由呢？高氏偏据山东，梁、陈等姓僻在江南，虽然人才辈出，又有什么值得称道的呢？而且，他们的子孙才行衰薄，已经没有了官爵，却依然以门第自负，这些都是些贩卖松木、赚钱发家、弃廉忘耻之人。朕真不知道世人为什么认为他们出身高贵！"

顿了顿，太宗又说道：

"如今，三品以上的官员或以德行、或以功劳、或以文学才得以身居高位，而那些衰落的就旧世族有什么值得羡慕的呢？公卿大臣与他们联姻，即使多多陪送金帛，却依然被他们拒绝。朕真不知道怎么会这样？如今，朕要厘正讹谬，舍名取实，但你们却依然以崔民干为第一，这难道不是有意轻贱我朝的官爵而流于俗情吗？"

高士廉等人大窘，急忙认错，"专以今朝品秩为高下"为原则，重新编修了《氏族志》。在新的《氏族志》中，高士廉等人将皇室成员定为第一等，外戚为第二等，崔民干则降为第三等，共293姓、1651家。

这一次太宗总算满意了，并颁布于天下，供百姓参照。从此之后，唐王朝的皇室成员、外戚、陇西世族及庶族出身的功臣官僚等，社会地位得到了显著提高，而山东、江南一带的传统世族则渐渐失去了社会声望。这也在一定程度上提高了唐王朝统治集团的政治地位和社会地位，对巩固中央集权具有积极的意义。

第十二章　仁政爱民

官在得人，不在员多。

——（唐）李世民

（一）

俗话说"民以食为天"，没有坚实的物质基础，政治文化建设和社会安定都只能是空谈。但创造物质需要人力，没有人力，就无法得到"民以食为天"的"食"。太宗在完成统一大业后，又立章建制、修订《氏族志》，稳固了社会秩序，但摆在他面前的依然是一个千疮百孔的国家。经过隋末的战乱和唐初的统一之战，全国人口已经大量锐减。

据史料记载，在隋朝极盛时期，全国有近900万户居民；但到了唐朝初年，全国户数不足300万户，劳动力的锐减也导致土地大片荒芜。为恢复和发展农业，太宗采取了积极的政策，增加人口数量。

隋末唐初，边境地区的一些汉人为躲避战乱纷纷涌入少数民族聚居之地。与此同时，边疆的游牧民族也常常趁中央政权无暇顾及边疆之时入关掠夺汉族人口。如此一来，就导致汉族人口大量外流，其中以流入突厥的人口最多，所以才有了"隋末，中国人多没于突厥"的说法。

为增加劳动力，唐太宗首先采取的政策就是从突厥召回汉族人口。

武德九年九月，太宗刚刚即皇帝位，突厥的颉利可汗便入关献马3000匹、羊万口。太宗没有接受这些物品，而是向颉利可汗提出了一个要求，即"诏归所掠中国户口"。

颉利可汗表面上答应了，但却在背后大加阻挠。当时，国家刚刚统一，人力、物力有限，不便对突厥用兵，太宗便采取了变通的政策。他一边派人秘密前往突厥，向汉人宣称，如果返回中原，就将其家属与土地尽数归还；一边积极与突厥方面谈判，用金帛购买流落到边地的汉人。一时间，从突厥和党项等地返回中原的汉人达百余万人，仅贞观三年从突厥一地返回中原的男女老幼就达120余万人。

这是一项长期的政策，直到贞观二十一年（647年），唐太宗仍下诏给北部各州说：

"隋末丧乱，边民多为戎、狄所掠。今铁勒已经归顺我大唐，应该遣使前往突厥等地，遍访没落之人，用货财将他们赎回来。燕然等州要发给他们粮食，送还原籍。"

太宗的这些措施取得了良好的效果，唐王朝共从突厥等少数民族地区赎回外流人口达200余万人，在一定程度上缓解了中原地区劳动力缺乏的状况。

为增加劳动力，太宗还鼓励百姓嫁娶生子。贞观元年二月，太宗颁发了《令有司劝勉民间嫁娶诏》。在这份诏书中，太宗皇帝明确提出：百姓没有能力出聘礼娶亲的，州县官员应从府库支出，助其结婚。男满20岁，女满15岁，以及丧妻、丧夫者必须及时到官府登记，申请结婚。

同时，太宗还把落实诏书的情况作为考核刺史、县令政绩的重要内容之一。完成情况好的州县，中央政府会对其进行表彰；完成情况不好的，必须到京师接受惩罚。

除这份诏书之外，太宗还经常采取一些临时措施，增加人口的出生率。如贞观三年，太宗就下诏说：

"妇人正月以来生男，赐粟一石。"

武德九年、贞观二年（628年），太宗还两次下令放宫女出宫，令其回乡婚配，遣回的宫女前后达6000余人。在这些积极措施的推动下，贞观一朝的人口有了明显的增长，为唐代农业生产的恢复和发展提供了有利的条件。

（二）

劳动力的问题解决了，接下来就该发展生产了。即位后，唐太宗对大臣们说：

"国家未安，百姓未抚，且当静以抚之。"

所谓"静以抚之"，即是减轻百姓的兵役、徭役负担，使百姓得以休养生息。

贞观二年，太宗更加明确地说：

"凡事皆需务本。国以人为本，人以衣食为本。凡营衣食，以不失时为本。夫不失时者，在人君简静乃可致耳。若兵革屡动，土木不息，而欲不夺农时，其可得乎？"

由此可见，太宗把使民得以务农视为"安人宁国"的中心内容。为此，他主张国君要做到"无为"，反对"多欲"。所谓"君无为"，即"人君简静"。如此，便可以避免"兵革屡动"、"土木不息"，做到"不夺农时"，使农业生产得到恢复和发展，让百姓衣食无忧，从而实现"安人宁国"的目的。这一切都反应了唐太宗在统一全国后想发展农业生产的急切心情。

太宗一朝在促进农业生产方面所采取的措施比较多，其中较为重要的有改革并推行均田制、劝课农桑、轻徭薄赋、兴修水利和义仓备荒等。

均田制是北魏以来所推行的一种土地制度。这种制度是由政府分配给农民一定数量的土地，并按照分配土地数量的多寡来向农民征收赋税。由于魏晋南北朝时期和隋朝末年土地兼并严重，这种均田制并未得到很好的实施，很多农民不但没有得到国家所规定的耕地数量，反而还要按照文本上的数字缴纳赋税。

隋末以来，由于战争肆虐，人口锐减，导致大片土地荒芜。到武德和贞观年间，高祖皇帝和太宗令各地官员普查全国的无主荒地，将其全部收归国有。这样一来，中央政府就控制了大片的土地，为重新推行均田制提供了有利条件。

武德七年三月，高祖皇帝颁布了均田法令。法令规定：男子年满18岁以上者，皆授田一顷（以100亩为一顷），其中80亩为口分田，又称露田；20亩为永业田，又称世业田。永业田可以传授给子孙，但只能种植桑、榆、枣等树木；口分田在受田人死后交还官府，重新分配给他人。农民所分得的土地在原则上不准买卖，但在特殊情况下，如迁徙他乡或遇丧事及家贫等原因，可以出卖永业田。如果响应政府的号召，自人多田少的地区迁往人少田多的地区，还可以卖出口分田。

此外，均田法令还规定：因土地瘠薄而需要休耕的田地，授田的数量可增加一倍；老弱残疾者授田40亩；寡妇授予30亩，如果自立门户不再嫁人的再增加20亩。和其他情况一样，老弱残疾和寡妇也以20亩为永业田，其余为口分田。

从字面意义上来理解，均田制就是将天下的土地平均分给天下人。当然，在实际操作中是根本不可能做到平均的。一方面，中央政府无权处理豪族地主占有的大片土地；另一方面，贵族官僚的授田数量也不可能和普通百姓一样。比如均田令规定：朝中官员根据爵位和官阶的高低不同而授予不同数量的土地。如职事官从三品授永业田20顷，正四品受田14顷，均比普通百姓多得多。

武德年间，由于战争频仍，皇室内部的争权斗争激烈，均田制并未能认真贯彻执行，真正将这一政策落到实处的是唐太宗。长孙皇后的族叔长孙顺德在贞观初年出任泽州（今山西省晋城东北）刺史时，发现前刺史张长贵、赵士达非法占据境内数十顷良田。长孙顺德立即上表，奏明此事。太宗大怒，立即削掉张长贵、赵士达的爵位，并收回田地，令长孙顺德将其分给贫户。

贞观元年七月，洛阳地区天降暴雨，谷、洛二河泛滥，洪水流入洛阳宫城，冲毁宫寺、民居无数，淹死百姓6000余人，淹没的良田更是不计其数。为补足百姓的田地，太宗下令拆除洛阳的明德宫、飞山宫围墙，将土地分给河南、洛阳遭水户耕种。

这些事例都表明，太宗在实施均田制的过程中是非常严格的。

由于受自然条件的限制，人多地少的地区就无法按照规定的数量授予农民土地。为解决这一矛盾，太宗鼓励农民向地多人少的地区迁徙，落实授田亩数。在地多人少的地区，如果百姓都得到土地之后，土地仍有剩余，就鼓励百姓多占有土地，即所谓"务从垦辟，庶尽地力，故所占虽多，律不与罪"。

与此同时，太宗还将均田令的实施与地方官的业绩考核结合在一起，奖励那些业绩突出的官员，惩罚那些执行不力的官员。这一政策与均田令相结合，调动了百姓和地方官两方面的积极性，对扩大耕地面积、增加粮食产量、促进农业发展起到了非常重要的作用。

（三）

为防止农民分得土地而不耕种，唐太宗还恢复了古代的"藉田"之礼，以劝课农桑。

所谓"藉田"之礼，就是在每年的特定时节，皇帝带领太子和文武百官到田中亲自耕种。当然，这只是一种仪式性的劳作，而不是让皇帝和文武百官真的去从事农业生产，其目的在于给农民做出表率，显示天子重视农业。

贞观三年正月，唐太宗带领着文武百官按古时候天子行藉田之礼的仪式来到长安东郊，亲操农具下田劳作，引来无数百姓围观。百姓们深受触动，连皇帝都如此重视生产，他们还有什么理由懈怠呢？

唐太宗还经常派使臣到各地巡行视察，劝课农桑，如果发现有游手好闲之人，立即逮捕，以示惩戒。他还要求地方官员、使臣在各州县田间地头劝农民精心耕种时，不得组织农民迎送，以免耽误农事，也不许以劝农为名增加农民的负担。

为了不耽误农业生产，唐太宗还特意将一些重要的国家事务安排在农闲时节。有一年，恰逢太子成人礼，有关官员上书给太宗说：

"太子的成人礼在二月举行比较吉利。"

但太宗不允，他说：

"二月正值春耕即将开始之际，百姓要组织生产，不宜因太子举行成人礼而耽误农时。"

于是，太宗便将太子的成人礼改在十月举行。太子少保萧瑀上奏说，按照阴阳学家的理论，太子的典礼"用二月为胜"。太宗立即驳斥说：

"阴阳理论的禁忌，朕不去管它。如果一举一动都要遵循阴阳理论，而不顾真理，怎么能得到福祉呢？如果一切行为都遵循真理，自然会事事吉利。何况吉凶在人，根本不是靠什么阴阳理论。农时很重要，不能耽误了。"

就这样，唐太宗坚持自己的意见，将太子的成人礼改在十月举行。这一事件足见唐太宗对不违农时的重视。

轻徭薄赋是唐太宗鼓励农民生产积极性的另一个有力措施。据史书记载，唐太宗刚刚即位便下令"关内及蒲、芮、虞、泰、陕、鼎六州免两年租调，自余给复一年"。

贞观元年，山东大旱，农业生产受损，唐太宗又令山东各地官员大力赈灾，并免除当地农民一年的租赋。

在给百姓派发劳役方面，唐太宗所采取的措施更加值得称道。贞观元年，太宗想征发百姓营造一座宫殿，但不久就改变了主意。近臣不解，问他道：

"皇上为何改变了主意？"

太宗回答说：

"朕突然想到秦始皇大兴土木，以致二世而亡的事情，因此还是算了吧！"

贞观二年，有人奏请：

"依礼，季夏之月可以居台榭。今夏暑未退，秋霖方始，宫中潮湿，请营造一阁居住。"

太宗回答说：

"不能这样做。如果营造一阁的话，要浪费不少人力、物力。当年汉文帝想建露台，都因顾惜十家之产而作罢。我的贤德比不上汉文帝，如果又在花费上超过他，岂是为人父母之道？"

唐太宗将自己比作百姓的"父母"，由此可见他的爱民之情。直到贞观四年（630年），太宗仍对侍臣们说：

"修建琼楼玉宇都是耗费劳力的事情，千万不能施加在百姓身上。"

为减轻百姓的负担，太宗在贞观初年对大兴土木不感兴趣，但在兴修水利方面却投入很大。据《新唐书·地理志》记载，贞观年间，全国各地兴修的河渠、池塘有二三十处之多，足见唐太宗鼓励兴修水利的政策在当时所收到的成效。正所谓"水利是农业之本"，良好的排涝和灌溉条件极大地促进了农业生产的恢复和发展。

除上述措施外，唐太宗还在各地设立义仓，以防灾年。隋文帝曾创立了社仓，但在百姓遇灾之时却舍不得开仓赈灾，这在一定程度上也激化了社会矛盾。对此，唐太宗也批评隋文帝的这一政策为"不怜百姓而惜仓库"。

贞观二年春，尚书左丞戴胄向太宗进谏说：

"天下大乱之后，户口凋零，每年收上来的租米只够当年用的。万一遇到灾年，拿什么赈济百姓呢？"

太宗也认为这是个非常严峻的问题，便问道：

"爱卿认为应该怎么做？"

戴胄建议每年秋收后按田亩抽取一定数量的粮食作为储备，以备荒年，即所谓"各纳所在，为立义仓。若年谷不登，百姓饥馑，当所州县，随便取给"。

太宗认为这一建议很好，便立即准奏，命戴胄拟定实施细则，颁行天下。

在设置义仓备荒的同时，太宗还诏令设置常平仓来平抑粮价，用以保障人民的生活，维护农业生产。太宗所推行的义仓、常平仓制度，在帮助人民度过灾荒、保障农业生产的恢复和发展等方面起到了十分重要的作用。

唐太宗李世民所实施的这一系列发展农业生产的政策都起到了良好的效果，促使农业生产得到了迅速的恢复和发展。据史书记载，到贞观四年之后，唐王朝的粮食连年获得大丰收，各地出现了粮食满仓、牛羊遍野的可喜景象。

第十三章　治国有方

为君之道，必须先存百姓。

——（唐）李世民

（一）

在恢复和发展农业生产的同时，唐太宗还十分注重文化和法律建设，即崇文抑武。早在武德五年被授予天策上将之时，时为秦王的李世民便开设了文学馆，召名儒18人为学士，与议天下事。这18位学士中有杜如晦、房玄龄、虞士南、褚亮、姚思廉、李宏道、蔡允恭、薛元敬、颜相时、垄薛箇、于志宁、苏世长、薛收、李守素、陆德明、孔颖达、盖文达、许敬宗等人。

这18个人大都是秦王府的官员，在文学馆中是"并以本官兼文学馆学士"。李世民将他们分为三组，轮流在文学馆值宿。在文学馆内，李世民为这些学士们提供了丰盛的菜肴，"恩礼优厚"，甚为尊重。一有时间，李世民就前往文学馆与各位学士"讨论文籍"，往往到半夜还舍不得离开。

李世民又令著名画家阎立本为学士们画像，由褚亮为之撰写赞词，称为《十八学士写真图》。时人赞誉入选的学士为"登瀛洲"。传说，瀛洲有蓬莱、方丈和瀛洲三座仙山，仙山上有仙人居住，以此来比喻入选为学士好比成仙一般。由此可见，李世民很早就对文化建设十分重视了。

正式登基之后，李世民又在弘文殿左侧设置弘文馆，将经、史、子、集四部书书籍纳入馆中，同时"精选天下文学之士"，如虞世南、褚亮、姚思廉、欧阳询、蔡允恭、萧德言等人"以本官兼学士"。同时，他又选取三品以上官员的子孙充任弘文馆学士。

唐太宗在听朝、处理公务的间隙时常将这些学士们引入内殿，讲论古今中外的历史，一起商议政事，往往到夜半时分才肯休息。这表明：弘文馆并不是一个纯粹性的学术机构，兼有为太宗提供政策咨询的职责。

太宗还命人注释经书，弘扬儒学。在隋朝末年的社会动乱中，图书典籍散乱佚失甚多，读书人也渐渐少了起来。武德四年五月，王世充在东都洛阳向李世民投降，李世民就命房玄龄先带人进入中书、门下省，收集隋朝的图书制诏。可惜的是，大部分书籍已被王世充烧毁了，只有藏书监还保存着一部分完好的典籍。李世民立即奏明高祖皇帝，请其派人到东都将藏书监搬到长安。

实事求是地说，高祖皇帝也不失为一代英主。他和后来的唐太宗一样，都十分重视发展文化事业。在接到李世民报告之后，高祖皇帝立即派宋遵贵到洛阳运书。可惜的是，宋遵贵在溯河西上的途中发生翻船事故，所运图书大多都被黄河水冲走了，得以保全的也只有十分之一二。后来，高祖皇帝又下令各地官员广泛从民间购买典籍，请人用楷书誊写。几年之间，经、史、子、集等各部图书都大致齐备了。

到贞观年间，唐太宗在这方面所做的贡献更大。他一边广泛收集图书典籍，一边命魏征等人整理、注释群书。贞观四年，太宗又令中书侍郎颜师古编撰《五经定本》。所谓"五经"，就是指《诗》《书》《易》《礼》《春秋》等五部儒家典籍。

中华文化多灾多难，秦朝时曾被秦始皇大量焚烧，后来又历经战乱，图书散佚颇多，很多都是后人按照记忆默写出来的。由于记忆误差，导致各个版本出入很大。到西汉时，经书在篇章字句上就已经有很大的出入了。经过南北朝时期的分裂局面之后，流传于世的经书在文字上的差异以及讹、夺、倒、衍之处就更多了。

唐太宗是以儒家学说的理论来治理国家的，选拔官吏也主要以经书作为命题考试的依据，这就需要统一五经的版本。中书侍郎颜师古耗时两年多，终于按照太宗的旨意编订了《五经定本》。太宗立即下诏，将其颁行天下。

由此，对《五经》经文的注释解说工作便被提到议事日程上来。由于经学内部的学派不同、师承不同，对经书的解释也不同，这非但不能适应科举考试的需要，也不利于在政治上统一全国的思想。为解决这种"师说多门"的情况，唐太宗又命国子祭酒孔颖达主持编修了《五经正义》，以统一经书的注释解说。

《五经定本》《五经正义》的编修是中国经学史上的一件大事，也是两汉以来经学史上的一大成就。从此以后，这两本典籍便作为国家钦定的经学教科书流传于世。直至宋代，它们依然被奉为科举取士的标准，对后世产生了深远的影响。

（二）

为在全国范围内统一文化思想，唐太宗李世民对宗教采取了"扬抑并用"的政策。所谓"扬抑并用"，就是在推崇中限制宗教的发展，在限制中再采取相对宽容的政策。

东汉时期，佛教传入中国，道教在民间逐渐兴盛，打破了西汉以来儒家思想在意识形态领域的独尊地位，从而形成了儒、佛、道三教并存的局面。在三教之中，又以外来的佛教发展最为迅速，这主要与封建统治集团的提倡有着重要的关系。

隋朝一统天下后，隋文帝大力提倡佛教，广修佛寺，听任百姓出家。一时之间，中华大地遍地佛寺，信众众多，上至皇帝、王公大臣，下至地方豪绅、黎民百姓，无不礼佛。

高祖皇帝李渊也信奉佛教。李世民9岁时曾生过一场大病，李渊亲自到寺院为子祈福。待李世民病愈后，李渊便在大海佛寺捐造了一尊石佛。

在称帝后，高祖皇帝还曾在长安的高僧中选出十个年老者，称为"十大德"，令其管理一般僧众。这是当时管理佛教事务的最高机构。

武德三年前后，高祖皇帝对佛教的态度发生了变化，开始抑佛崇道。据说，那一年有一个叫吉养行的晋州人向高祖皇帝报告说：

"臣在浮山县羊角山（今山西省南部）见到一位身穿白衣的老者。老者对臣说：'你替我去告诉大唐天子，我是太上老君，是他的祖先！今年无贼，天下太平。'"

太上老君就是老子，姓李名耳，被道教奉为始祖，与李渊同姓。高祖皇帝闻听吉养行的一番报告后，认为这种传说有利于巩固自己的统治，便宣称老子为李唐先祖，改浮山县为神山县，诏令于晋州立老子庙。从此，道教开始迅速发展，大有盖过佛教的势头。

由于佛、道二教的盛行，寺院、道观的数量大增，同时也聚敛了大量的财富。一些人为逃避赋税徭役，也纷纷出家当和尚、道士。一时间，天下的僧尼超过数十万，道士也数以万计，乃至影响了国家的税收。

在太史令傅奕的多次劝谏下，高祖皇帝才于武德九年四月下诏减少寺、观的数量，整顿僧侣和道士的队伍，将那些妖言惑众、借宗教敛财的人悉数驱逐出寺、观。他这样做主要是限制佛、道二教，特别是佛教的势力发展，以增加国家的编户和赋税、徭役，安定社会秩序，而不是废除佛道二教。

但在佛、道二教势力和影响甚大的情势下，高祖皇帝的这道诏书遭到了广泛抵制，甚至成为一纸空文。而在这道诏书颁布后不久，玄武门之变又爆发了，李世民被立为太子，并迫使高祖皇帝"下诏赦天下"，其中有"僧、尼、道士、女冠并宜依旧"这么一条。这实际上是取消了同年四月高祖皇帝所下的减少僧、尼、道士、女冠的诏令。

不过，李世民当时这样做完全是出于安定秩序的需要。事变之后，一切宜稳不宜动。即位之初，李世民对佛教采取的缓和政策，主要是因势利导，利用佛教在民间的影响，为安定局势、巩固政权服务。他曾为隋代所设立的佛寺章敬寺设斋行香，借此来笼络在唐王朝供职的隋朝旧臣；又利用佛教超度亡灵的教义，令人在晋阳起兵以来作战的地点"为义士、凶徒陨身戎阵者"立寺，以"济其营魂"。

太宗对佛教的政策虽然相对缓和，但并非任期发展。他曾下令：

"诸州有寺之处，宜令度人为僧尼，总数以三千为限。"

这个"总数以三千为限"实际上就是限制僧侣和宗教势力的发展。而对那些"或假托神通，妄传妖怪；或谬称医筮，左道求财；或造诣官曹，嘱致赃贿；或钻肤焚指，骇俗惊愚"等作恶的僧侣，他责令有关部门予以"清整"，并将其绳之以法，严惩不贷。

由此可见，唐太宗对宗教的态度是十分冷静的，不论是宽容还是抑制，其目的都是为了维护自己的统治。

对于道教，太宗继承了高祖皇帝的政策，承认老子是道教的教祖、大唐的皇祖。因此，道教的领袖人物也得到了唐太宗的优待。当然，这也完全是出于提高李唐皇室的社会地位和稳定秩序而考虑的。

（三）

在大力推行文化建设的同时，唐太宗李世民还十分注重健全法制，修定唐律，宽仁慎刑，强调法律作用，从而使社会治安有了明显的好转。当然，唐太宗这样做的主观目的是吸取隋朝二世而亡的历史经验，以法制来稳固自己的统治。

隋炀帝迅速灭亡，其中很重要的一个原因就是他大力推行繁法酷刑。李唐统治集团吸取了这一历史经验，在制定法律的同时还非常注意"宽仁慎刑"的原则。

武德元年，高祖皇帝曾命裴寂、刘文静等参照隋朝的《开皇律》制定《武德律》。高祖皇帝指出，法律务必遵照"务在宽简，取便于时"的原则，以达到"使人共解""务使易知"的目的。

由于《武德律》是在战争年代制定的，仓促之中难以完备，李世民即位后，立即召集群臣商议立法的基本原则及其与国家治乱的关系。当时，大臣们提出了两种不同的主张，以尚书右仆射封伦为首的一派主张"以威刑肃天下"；而以魏征为首的一派则坚持"王政本于仁恩"的理论。太宗最终接受了魏征的主张，命长孙无忌、房玄龄等人参照隋《开皇律》进一步修订和完善《武德律》。

制定法律是一项艰苦而长期的工作，长孙无忌等人历经十年才终于完成这项工作。贞观十一年（637年）正月，唐太宗正式下令将新修订的《唐律》，即《贞观律》颁行于天下。

《贞观律》共有12篇、500条，此外还编定有《贞观令》30卷、《贞观格》18卷和《贞观式》20卷。

"律"大体上相当于今天的刑法典；"令"是关于国家体制和基本制度的法规；"格"是国家各部门处理公务时所应遵守的行政法规；"式"是指国家机关的公文程式。也就是说，"令""格""式"均带有行政法规的性质。而对于违犯"令""格""式"的行为，一律按照《唐律》的有关条款予以处罚。

《唐律》以维护封建专制制度的等级制度和宗法制度为核心，维护封建统治集团的政治、经济利益及人身安全，在刑法方面，刑罚适用原则的严整、关于犯罪种类的详尽与细密在封建法典中是无与伦比的。

此外，《唐律》还十分注重经济立法，即运用法律来调整经济关系；注重民事立法，即运用法律来调整民事关系。

总之，《唐律》的内容表明，它是在"宽仁慎刑""礼法合一"的基本原则指导下所制定的"诸法合体、以刑为主"，律、令、格、式相互配合、补充，具有"规范详备、科条简要""中典治国、用刑持平"等诸多特点的一部体系完备的封建法典，是中国封建时代法典的典范。

更加难能可贵的是，唐太宗还非常注意法律普遍适用性的原则，以身作则，带头守法。在封建专制制度之下，国君和他的法定继承人有超越法律、凌驾于法律之上的权力。但作为一位开明君主，为了有效地健全唐王朝的法律制度，实现太平盛世，唐太宗在贞观元年就曾对大臣们说：

"法律不是朕一个人的法律，是天下人的法律。"

太宗这句话的含义是说，即使是皇帝本人，也不得随意以个人意志来干预司法部门和法官依法办案，必须承认司法部门和法官依法办案的权力，维护法律的尊严。

唐太宗说到做到，绝不轻易干预司法部门依法断案。贞观初年，不少人伪造资历，骗取官位，太宗"敕令自首，不首者死"，但仍有不少人伪造资历，混迹于朝。为革除这一弊端，太宗任命素有"忠清忠直"之誉的戴胄为大理寺少卿。

不久，戴胄就发现柳雄有隐瞒和伪造资历的行为。太宗闻之后大怒，当即说道：

"柳雄奸诈，竟然欺骗朕，立即斩首！"

柳雄一听被太宗判了死刑，吓得马上跪地求饶。这时大理寺少卿戴胄又上奏说：

"启禀陛下，不能判处柳雄死刑。依据法律，应判处流放。"

太宗见戴胄竟敢不遵从自己的旨意，大怒道：

"难道为了遵守法律，就让朕失信吗？"

面对发怒的唐太宗，戴胄毫不畏惧，依然不依不饶地说：

"陛下发布敕令是出于一时的喜怒，但法律是颁行于天下的，为大信！陛下因为所选的官员有欺诈行为，所以想杀他们，但陛下也知道这样做不妥，所以才让大理寺根据法律来判决。这是忍小忿而存大信啊！"

太宗被戴胄的一番话打动了。他立刻转怒为喜，不仅收回了"不首者死"的敕令，还称赞戴胄能依法办案。他说：

"爱卿能够依法办案，朕还有什么好忧虑的呢？"

唐太宗带头守法，不以个人意志干预法官依法办案，为司法机关执法提供了有利的条件，不仅收到了"天下无冤狱"的良好效果，还感化了百姓，大大降低了犯罪率。

唐太宗李世民即位后大力发展农业，推行文化建设，健全法律制度，让唐王朝在几年间便迎来了历史上著名的"贞观之治"。据史书记载，贞观四年，农业获得了大丰收，流散在外的人全部回到了故乡，全年被判处死刑的犯人只有29人。百姓丰衣足食，社会稳定，秩序井然，各地盗贼也都偃旗息鼓了。据称，当时从东到西、从南到北都出现了夜不闭户、路不拾遗的太平景象。

第十四章　唯才是举

直言鲠议，致天下太平。

——（唐）李世民

（一）

唐太宗为政崇尚清静，偃武修文，轻徭薄赋，宽仁慎刑，终于迎来了年丰谷贱、天下太平的景象。当然，这一切也并非太宗一人的功劳，而是满朝文武大臣在太宗的领导下共同完成的。这也是唐太宗任人唯贤的必然结果。

李世民从青年时代开始就以善于笼络人才而著称。晋阳起兵前夕，李世民与刘文静、裴寂等人结为密友，共商起兵大事。李渊登上皇帝宝座之后，被封为秦王的李世民又在房玄龄、杜如晦、长孙无忌、程知节、尉迟敬德、秦叔宝、段志宏等一大批文武贤才的协助下，东征西讨，平定了天下。后来，他又依靠心腹发动玄武门之变，登山了皇帝的宝座。这些事实都说明，李世民不但注重网罗人才，还十分善于任用人才。

正式登基之后，唐太宗更加注重选拔人才。据史书记载，贞观元年的一天，唐太宗曾对房玄龄等人说：

"为政的根本就在于能够选拔人才，一定要仔细审查，量才授职。"

房玄龄等人深以为然。太宗见众臣都同意自己的观点，十分高兴，立即要大家举荐贤才。众臣竭尽所能，向太宗推荐隐藏在民间的人才。对这些人，太宗也一一考察，量才录用。

然而，大臣封德彝却没推荐过一个人，这让太宗很不高兴。他对封德彝说：

"政治安定的根本在于得人！朕要众位爱卿推举贤才，你却一个人都没有推荐。天下的事情繁芜沉冗，你们应该替朕分忧解劳才行。如果每个人都不说话，朕还能依靠谁呢？"

封德彝大窘，说：

"臣虽然愚笨，但不敢不尽心尽力地辅佐陛下。只是，臣至今也没有遇到过有奇才异能之人。"

太宗听了封德彝的话，心里老大不高兴，斥责道：

"历代贤君的身边都人才济济，哪一个不是从当时的时代找到的？难道要向异代去借人才吗？如果这样，岂不是要等到像傅说、吕尚这样的贤才出现才能治理天下？历朝历代皆有贤才，只不过都遗落在民间了，君上不知道罢了！"

封德彝被太宗说得哑口无言，羞惭地退了出去。从此之后，众大臣再也不敢只求自保而不向太宗举荐贤才了。

贞观二年，太宗又对房玄龄、杜如晦说：

"你们作为左、右仆射，应该帮朕分忧解劳，广开耳目，求贤访哲。"

此外，唐太宗还先后五次下达求贤诏书。这些诏书反映了太宗对任贤致治的认识和重视，既表达了他求贤如渴的急切心情，也是网罗天下贤才的重要措施之一。他曾对治书侍御史权万纪说：

"就是多得数百万缗钱财，也不如得到一个贤才。"

与此同时，太宗还非常注意考核所求的贤才。他曾对身边的侍臣说：

"朕居深宫之中，没办法看到宫外的事情，全凭都督、刺史治理天下。这些人身系天下治乱，必须用人得当才行。"

有一次，唐太宗到长安县翠微宫小住，见司农卿李纬一表人才，言语不俗，便提拔他为户部尚书。当时，宰相房玄龄留守京师，经常派人到翠微宫向太宗汇报朝中事务。一天，太宗问房玄龄派来的人：

"朕授予李纬户部尚书之职，玄龄说了什么？"

来人回答说：

"宰相闻听李纬拜尚书，只说了一句话。"

太宗追问道：

"哪句话？"

来人回答说：

"他说，李纬惟美须髯。"

"须髯"就是胡子，"美须髯"就是胡子长得很好看。房玄龄这句话的言外之意，是说李纬除了胡子长得好看之外，并没有什么才能。

太宗是何等聪明之人，立即明白了房玄龄的言外之意。他笑了笑，派人召见李纬，对他说：

"朕又考虑了一下，觉得派你去洛州任刺史比较合适，你就到地方上去为朕效劳吧。"

（二）

唐太宗不仅重视选拔人才，善于任用人才，还十分注重遵守"用人不疑，疑人不用"的原则。尉迟敬德原是刘周武的心腹大将，后因兵败而投降了李世民。当时，与尉迟敬德一起投降的另外一位大将寻相率部叛逃，李世民身边的将军们都怀疑尉迟敬德也会逃走，便将其囚禁在军中。

屈突通、殷开山劝李世民杀掉尉迟敬德，以除后患，但李世民却笑着说：

"敬德一定不会背叛我的。"

于是，李世民立即下令释放了尉迟敬德，并亲自将其引入帐内，赐给他许多财物。尉迟敬德深受感动，拜服于地。李世民亲手把他扶起来，大声说道：

"寡人绝不会听信谗言，谋害忠良之辈的。"

一切果如李世民所料，尉迟敬德非但没有背叛他，还屡立奇功，多次在危难中救了李世民的性命，功冠诸将。

李世民登基为帝后，太宗依然保持着这种作风，绝不听信谗言。贞观初年，他对侍臣说：

"朕观看史书，发现前代进献谗言的小人皆是国之蟊贼！"

又有一次，太宗召集群臣议事，大臣们都争相进言，直陈其事。太宗见状，心里十分高兴。事后，他高兴地说：

"古人说'代乱则谗胜'，绝对不是虚妄之言。朕每每希望防微杜渐，杜绝谗言，但又心力所不至，或不能觉悟。史书上说，猛兽处山林，就是有野菜也不能去采；直臣立于朝廷，奸邪之辈也只能想办法自保了。这就是我对大家的期望啊！"

群臣高呼万岁，兴高采烈地退去了。

历史事实表明，唐太宗确实履行了他向群臣们所宣示的这一原则。贞观三年，监察御史陈师合上《拔士论》说：

"人之思虑有限，一个人不可总知数职。"

唐太宗明白，这实际上是对房玄龄、杜如晦等人身兼数职有所不满。太宗表面上没说神马，私下里对戴胄说：

"朕以至公治理天下，今任玄龄、如晦等人，并非因为他们是朕的老部下，而是量才用之。陈师合无中生有，毁谤他们，是想离间我们君臣关系啊！"

次日，戴胄便参了陈师合一本，说他毁谤大臣，离间君臣关系。太宗大怒，立即命大理寺审查陈师合，依法将其流放到了岭南。

除了重用人才之外，唐太宗还尽力保全功臣。天下一统后，昔日的武将，如尉迟敬德等人，基本上已经完成了历史使命。这样一来，太宗就既不能委他们以重任，也不想像汉高祖刘邦那样，诛杀开国武将。这让尉迟敬德等人难免居功自傲，时有怨言。

贞观元年，唐太宗封开国功臣尉迟敬德为吴国公，拜右武侯大将军。贞观三年，尉迟敬德出任襄州（今湖北省襄阳市）都督，后来又升迁同州（今陕西省大荔县）刺史。这些职位大体上是与他的能力相匹配的。但尉迟敬德自恃为开国武将，常常做出一些越轨之事。

有一次，太宗在庆善宫设宴招待群臣，有人坐到了尉迟敬德的上首，敬德便大怒道：

"你有什么功劳，居然敢坐在我的上首？"

坐在尉迟敬德下面的任城王李道宗忙起身劝解，想不到尉迟敬德反而勃然大怒，大打出手，把李道宗的眼睛都打伤了。众臣不欢而散。

群臣走后，唐太宗把尉迟敬德留下来，语重心长地说：

"朕观看汉史，发现高祖皇帝的功臣很少有善终者。我常常为此而感到忧虑。自从登基以来，朕常想保全功臣，令其子孙无绝。朕现在才明白，韩信、彭越等汉初功臣被戮并不全是汉高祖的错。你现在刚刚当上刺史就触犯宪法，让朕怎么办呢？这次朕就法外开恩，饶恕你了。但国家大事，惟赏与罚，像这样的法外之恩不能一再施行，你要加强自己的修养，不要到时候后悔。"

太宗的一席话说得尉迟敬德哑口无言，羞愧地退了出去。从此之后，他再也不居功自傲了。其他功臣见尉迟敬德如此，也都纷纷有所收敛，不敢居功自傲、触犯法律了。太宗这种用人原则对稳定社会秩序起到了十分重要的作用。

（三）

唐太宗广揽人才、重用人才，其目的就是为了广泛听取臣下的意见，以确保治国路线和方针的正确性。为此，他不厌其烦地一再鼓励臣下们"正词直谏"，要敢于"犯颜忤旨"。太宗曾对侍臣说：

"人君必须有忠良之臣辅佐才能做到身安国宁。隋炀帝的身边并不是没有忠臣，只不过他不听取臣下的意见，恶积祸盈，终于导致国亡身死的下场。如果人主所行不当，臣下又不直言相谏，只是一味奉承，事事都说好，那么这个国君就是昏君，臣下就是谀臣。君暗臣谀，离国家灭亡也就不远了。朕希望君臣上下能够各司其职，互相切磋，得出真理。因此，你们应该直言相谏，监督朕做的不好的地方。朕绝不会因为你们直言相谏，忤逆朕的意见而怪罪你们。"

唐太宗不但这样说，也是这样做的。贞观年间，太宗纳谏如流的事例举不胜举，身边敢于犯言直谏的大臣也数不胜数，其中最著名的要数魏征了。

史书记载，魏征少年孤贫，落拓有大志，曾出家为道士，好读书，见解不俗。隋末天下大乱时，魏征参加了李密所领导的瓦岗军。李密失败后，他又转投窦建德，任起居舍人。窦建德死后，魏征被李建成收拢，在太子宫内任太子洗马。玄武门之变后，李世民采取宽大政策，百般安抚李建成的旧部。魏征深受感动，遂忠心侍奉李世民。

李世民即位后，励精求治，多次将魏征引入卧内，询问自己的得失。魏征也知无不言、言无不尽。有一次，太宗到九成宫小住，很思念长孙皇后，便派宫人回京给皇后送点东西。宫人途径漳川县（今陕西省扶风县城）官舍时，便住在那里。不久，右仆射李靖、侍中王珪等人从京师外出，也相继来到官舍。漳川县官员立即将太宗的宫人移居到别的地方，令李靖等居于官舍。

太宗知道这件事后勃然大怒，气冲冲地说：

"李靖算什么？为什么如此看重李靖而轻视朕的宫人？"

盛怒之下，太宗立即派人立案审查漳川官员及李靖等人。

魏征得知此事后，马上来到九成宫觐见。太宗将魏征召入宫内，问道：

"爱卿此来所为何事？"

魏征直言道：

"为了右仆射李靖、侍中王珪等人被立案审查之事。"

太宗怒气未消，大声说道：

"如果是为了这件事情，就什么都不要说了，出去吧！"

魏征不顾太宗生气，依然面不改色地说：

"李靖等都是陛下的肱骨大臣，而宫人不过是在后宫为皇后打扫宫殿的奴婢，他们的职务不同，地方官员接待他们的方式自然也有所不同。李靖等人外出，按照朝廷规定，回来之后要向陛下汇报工作。为考察民间的疾苦，李靖等人自然要和地方官员见面，地方官员也不得不见。至于宫人，除了供应他们饮食之外，又不需要跟他们商议政事。所以，臣以为，县吏将宫人安置在别处而将李靖等人安置在官舍是合乎情理和法律的。如果陛下因此罪责县吏和李靖等人，恐怕会招来天下人的非议。"

听魏征这么说，太宗心中的怒气顿时烟消云散了。他马上转怒为喜，对魏征说：

"爱卿说得对。如果不是爱卿，朕险些犯了错误。"

于是，太宗下令释放漳川县县吏，也不再追查李靖等人的罪责了。

唐太宗对魏征的犯颜直谏给予了很高的评价。他曾对侍臣们说：

"贞观以前，从我平定天下，周旋艰险，玄龄之功，无所与让；贞观以后，尽心于我，献纳忠谠，安国利民，犯颜正谏，匡朕之违者，唯魏征而已。古之名臣何以加也。"

说完，太宗便解下佩刀，赐给房玄龄和魏征两人。

贞观十七年（643年），魏征病逝，太宗哀伤不已。他登上苑西楼，望着给魏征送葬的队伍痛哭流涕，还亲自为魏征撰写了一篇碑文。

很长一段时间后，太宗依然不能释怀，心痛地对身边的人说：

"人以铜为镜，可以正衣冠；以古为镜，可以见兴替；以人为镜，可以知得失。魏征死了，朕失去了一面镜子啊！"

由于唐太宗的任贤纳谏，贞观年间涌现出了一大批杰出的军事家和政治家。正是依靠这批贤才的尽心辅佐，唐太宗才开创了著名的"贞观之治"。

贞观十七年（643年），太宗命人画了24位功臣的相貌，悬挂于凌烟阁，称凌烟阁二十四功臣。这24位功臣依次是赵公长孙无忌、赵郡元王李孝恭、策成公杜如晦、郑文贞公魏征、梁公房玄龄、申公高士廉、鄂公尉迟敬德、卫公李靖、宋公萧瑀、褒忠壮公段志宏、夔公刘弘基、蒋忠公屈突通、郧节公殷开山、谯襄公柴绍、邳襄公长孙顺德、郧公张亮、陈公侯君集、郯襄公张公谨、卢公程知节、永兴文懿公虞世南、渝襄公刘政会、莒公唐俭、英公李世责力和胡壮公秦叔宝等。

第十五章　再退突厥

若安天下，必须先正其身。

——（唐）李世民

（一）

贞观之治的硕果为唐王朝向四方用兵、平定边疆奠定了坚实的经济和政治基础。早在玄武门之变时，突厥就伺机对唐王朝用兵，企图借唐王朝内部发生兵变之际掠夺中原财富和人口。

当时，唐军的实力远不能抵御突厥的骑兵，但由于李世民对形势的正确指挥，又积极利用并制造颉利可汗与突利可汗之间的矛盾，最终让唐王朝避免了一次严重的危机。

李世民登基后，颉利可汗又趁唐王朝政局不稳之际，亲率20万骑兵，号称百万，长驱直入，准备袭击长安。唐太宗临危不惧，立即命尉迟敬德率部抵抗。尉迟敬德身先士卒，率部在长安以北35千米的泾阳大破敌军。

颉利可汗还不死心，凭借骑兵机动性较强的特点，绕过尉迟敬德的大营直奔渭水便桥而来，逼近长安郊外。由于吃了败仗，颉利可汗弄不清楚唐军的实力，便派心腹执失思力为使者，入长安打探虚实。

唐太宗命人将执失思力宣入大殿。执失思力自恃突厥兵强，态度傲慢，见太宗不行跪拜之礼。群臣大怒，斥责道：

"外邦使者见我大唐天子为何不行大礼？"

执失思力冷笑道：

"我突厥乃是上国，见小国之君，岂能行跪拜之礼？"

唐太宗强忍着怒气，挥了挥手，示意群臣安静。然后，他问执失思力：

"你们可汗派你来我京师有什么事情？"

执失思力大声说道：

"特来宣战！颉利与突利二可汗将兵百万，已经逼近长安！"

太宗终于忍不住了，勃然大怒道：

"朕与你们的可汗面结和亲，赠遗金帛，前前后后不计其数。如今，你们的可汗竟然违背盟约，引兵深入我大唐之境，难道就不觉得羞愧吗？你们虽然非我族类，但也有人心呀！怎么能忘了大恩，自夸强盛？你有精兵百万，但我只需要一名壮士就可以要了你的命！来人，推出去斩首！"

执失思力听了唐太宗铿锵有力的话，感到害怕了，急忙双膝跪地求饶。这时，尚书左右仆射萧瑀、封德彝出列奏道：

"启禀陛下，突厥兵临城下，如果斩杀来使，恐怕会引来灾祸。再说，两军交战，不斩来使，请陛下以礼将使者送回！"

太宗冷笑道：

"如果将这个蟊贼以礼遣还，突厥肯定以为朕害怕他们，会更加肆无忌惮，这样才真会引来灾祸呢！"

说完，太宗又转向执失思力，怒斥道：

"既然朕的大臣替你求情，朕就暂且不杀你。不过，朕要将你囚禁在门下省，以示惩戒。"

危机关头，太宗率高士廉、房玄龄等五人骑马出玄武门，径直来到渭水边上，与颉利可汗隔渭水而语。颉利可汗见太宗与宰相一行六骑来到渭水之上，大声斥骂自己"负约背盟"，心下大为惊讶，急忙下马致礼。

过了一会儿，尉迟敬德所部赶到，唐军其他各路兵马也相继而至，旌甲蔽野，军容十分严整。颉利可汗本以为唐军兵弱，唐太宗必然不敢出战。如今，他见太宗扣留了执失思力，又派大军出城迎战，心里不免发起慌来。

唐太宗见状，又令房玄龄等人退去，协助各位将军布阵迎敌，自己单枪匹马地站在渭水边上向颉利可汗喊话。萧瑀慌忙下马，固请太宗入城。太宗笑道：

"爱卿放心，朕有上苍保佑，定然不会命丧于斯。稍后，突厥定会退兵。"

萧瑀将信将疑，但还是按照太宗的吩咐纵身上马，前往尉迟敬德的军中去了。

果然不出太宗所料，颉利可汗稍后就派使者入城议和来了，太宗也诏令应允。次日，唐太宗与颉利可汗在渭水便桥上斩白马而结盟。盟毕，突厥引兵退还。一场危急就这样过去了。

事后，萧瑀问唐太宗：

"陛下怎么知道突厥会退兵呢？"

太宗笑道：

"突厥之所以敢率倾国之兵来犯我京师，是因为我国内有难，朕又刚刚即位，他们都以为朕不敢迎战。如果朕示之以弱，闭门拒守，突厥必然会乘机大肆掠夺，这样局面就没法控制了。所以，朕轻骑独出，以示轻敌之心；又整顿军容，排兵布阵，使之以为朕必下令迎战。这肯定是出乎突厥所料的。他们深入我国腹地，如果真要交战的话，心里也一定会有所顾虑。所以，如果我们与之战必能获胜；如果与之和，则能稳定局势。"

众臣听了太宗的这番分析，无不叹服。

萧瑀又接着问：

"既然与之战可以获胜，为什么不战呢？"

太宗感叹道：

"若乘突厥退军时击之，覆之如反掌。之所以不战，是因为朕即位日浅，国家未安，百姓未富，应当尽量避免战争。这一战虽然能获胜，但粮草、军马也会损失不少。更何况，一旦与突厥结下怨仇，我们就要日夜整军备战，天下何时才能安定，百姓何时才能富足？"

太宗的这番话说得鞭辟入里，爱民之心昭然可见，令在场的大臣无不动容。

（二）

贞观元年冬季，突厥的领地普降大雪，深达数尺，牲畜和百姓冻死者不计其数。萧瑀主张乘突厥遭难之时，出兵击之。

但唐太宗心有不忍，他立即召见长孙无忌，询问此计是否可行。长孙无忌回答说：

"启禀陛下，突厥不犯我边塞，且又与我大唐订有盟约，如果背信弃义地劳师动众，不是王者所为。"

太宗最终采纳了长孙无忌的意见，派使者出使突厥，加强两国的外交关系。

贞观二年，鸿胪卿郑元王李寿出使突厥归来。他对太宗说：

"突厥民饥畜瘦，这是将要灭亡的征兆啊！如果陛下乘机取之，定能大败突厥。"

群臣见李寿这样说，也都纷纷劝太宗乘机出击突厥。但太宗略一沉思，回答说：

"我们刚刚与人家订立盟约，如果背盟攻之，就是不讲信用；况且趁人家遭遇灾难而取之，是为不仁；乘人之危以取胜，是为不武……我们还是等他们来犯我之时再举兵讨之吧！"

贞观三年八月，中原农业生产经过数年发展已经基本恢复，贞观之治的太平景象初见端倪。代州都督张公谨见突厥民饥畜瘦，内部矛盾重重，便上书给唐太宗，列举了6条进攻突厥的有利条件。

当时，颉利可汗一边向唐王朝请求和亲，一边又出兵帮助隋朝旧将梁师都举兵叛乱。太宗在经过一番认真分析后，认为讨伐突厥的时机已经成熟，因此便以该事件为由，正式兴师征讨突厥。

是年八月，唐太宗命兵部尚书李靖为行军总管，张公谨为副总管，准备出师。

十一月，太宗又以并州都督李世勣为通汉道行军总管，兵部尚书李靖为定襄道行军总管，华州刺史柴绍为金河道行军总管，灵州大都督薛万彻为畅武道行军总管，共领10万大军，兵分四路，出击突厥。大军择日出征，突厥望风而逃。任城王李道宗围攻灵州，大破突厥。自此，突厥一蹶不振，走上了下坡路。

十二月，突利可汗遣使来到长安，归顺唐王朝。接下来，太宗要对付的就只有颉利可汗所部了。太宗命李靖等人乘胜进攻，李靖等人领命，率部日夜兼程，直扑颉利可汗的牙帐所在地定襄。

贞观四年正月，李靖所部悄然抵达马邑。当天黄昏，李靖率3000名骁骑进屯恶阳岭，然后直扑定襄。颉利可汗没料想到唐军会从天而将，慌忙率部抵抗。但由于准备不足，再加上骑兵不善守城，突厥迅速溃败下来。

颉利可汗的数万骑兵竟然被李靖的3000名骁骑狂追百余里。颉利可汗见李靖紧追不舍，不禁大惊道：

"唐王朝定然是派了倾国之兵，否则李靖怎么敢孤军追到这里呢？"

于是，颉利可汗率部狂奔，把牙帐迁到了碛口。然而颉利可汗还没等安顿好，李世绩便从云中（今山西省大同市）直扑过来，与突厥在白道（今内蒙呼和浩特市北）展开激战，最后大破敌军。

颉利可汗像一只没头的苍蝇一样，带着几万骑兵在大漠上东躲西藏了将近一个月，又吃了几次败仗。到二月，颉利可汗又领着败兵逃窜到铁山（阴山以北）。

看着几万名面黄肌瘦的骑兵，颉利可汗再也撑不住了。他立即派执失思力再次入唐朝谢罪，"请举国内附，身自入朝"。

唐太宗派鸿胪卿唐俭等人前往"慰抚"，又诏令李靖将兵迎颉利可汗入朝。李靖与李世绩会合于白道，商议说：

"颉利虽然兵败，但手中仍有数万骑兵，如果逃到碛北，我们就没办法追击了。如今陛下宣颉利入朝，他定然会放松警惕。如果能趁机选精骑一万，带20日的粮草前去袭之，就可以不战而擒之。"

于是，李靖率部直扑阴山，李世绩则率部前往碛口截断突厥的退路。李靖在阴山发现了突厥的兵营。颉利可汗不知李靖的行动，又见唐俭等人前来慰抚，便放松了警惕。李靖派苏定方率200骑为前锋，乘大雾行军。直到距颉利牙帐3.5千米时，颉利可汗才发觉唐兵，于是慌忙乘千里马逃走。李靖随后率大军赶到，乘势掩杀，斩敌数万，俘虏男女10余万人、牲畜数十万只。

颉利可汗率万余人直奔碛口而去，想要渡过黄河，突然发现李世绩早已在那里等候他们了。绝望之中，颉利可汗只好率部向唐军投降。从此，阴山以北至大漠皆被唐军所控制。

贞观四年三月，四夷君长到长安朝贺，请求唐太宗接受"天可汗"的尊号。太宗说：

"我为大唐天子，自然称得起天可汗！"

群臣及四夷君长都高呼万岁，太宗也接受了"天河汗"的尊号。此后，中央政府发往西北各族首领的公文信件皆称"天可汗"。

接着，唐太宗又采纳温彦博的建议，"全其部落，顺其土俗"，"分立酋长，领其部落"，在西起灵州、东至幽州的边境地区设置了若干个都督府，管辖当地的事务。从此，北方及西北地区边境人民得以安宁，这一地区的农业生产也得到了恢复和发展。

（三）

突厥覆灭后，唐太宗又立即着手处理西南地区的民族问题，即解决唐王朝与吐谷浑之间的矛盾，同吐蕃建立和亲睦邻关系。

吐谷浑是鲜卑族的一个分支，建都于伏俟城（故址在今青海湖西岸布哈河河口附近），有地方数千里。隋朝末年，吐谷浑的首领慕容伏允与中央政府对抗，被隋炀帝所败，逃依于党项族。隋大业末年，慕容伏允乘中原大乱乘机收复故地，重新建立了政权。唐初，慕容伏允入隋朝为质的儿子慕容顺被高祖皇帝遣送回国。

藏族在西藏高原所建立的王朝名为吐蕃，唐朝初期时便已形成为奴隶制国家。吐蕃杰出的赞普松赞干布定都逻些（今西藏拉萨），统一了整个高原，对藏族的社会进步作出了重要贡献。由于吐蕃势力强大，周围的少数民族部落都纷纷前去依附。

　　吐谷浑正好位于唐王朝与吐蕃之间，因此，这个不起眼的少数民族政权便成为吐蕃和唐王朝争取的对象。在吐谷浑的上层统治集团中，大多倾向于吐蕃，唯独慕容顺倾向于唐王朝。这可能是因为慕容顺自小在长安为质，比较了解汉族文化，又受到了唐王朝的礼遇。当然，吐谷浑统治集团的内部斗争也是一个很重要的原因，因为慕容伏允没有立慕容顺为世子，而是立了他的幼子。

　　贞观初年，吐谷浑可汗慕容伏允派使臣"入贡"，但使臣尚未离开长安之时，他又"大掠鄯州而去"。唐太宗大怒，派使臣谴责慕容伏允，并征召他入朝，但慕容伏允竟然"称疾不至"。

　　不久，慕容伏允为儿子尊王向唐王朝求婚，太宗答应了，并"令其亲迎"。但没想到的是，尊王不但不入朝迎亲，还拒绝了这门婚事。与此同时，慕容伏允又派兵进入寇兰（今甘肃省兰州市）、廓州等地。

　　这些行为让唐太宗非常恼火，他立即派赵德楷为使，到吐谷浑谴责慕容伏允，并用善言相劝。然而，慕容伏允非但不听，还听信谗言，扣押了赵德楷。

　　唐太宗忍无可忍，决定发兵攻打吐谷浑。恰在此时，鄯州刺史李玄运上书说：

　　"吐谷浑的良马都放牧在青海（即今青海湖），派轻骑袭击，便可大获全胜。"

　　贞观八年六月，唐太宗派左骁卫大将军段志宏为西海道行军总管、左骁卫将军樊兴为赤水道行军总管，统率边境士兵及契苾、党项族士兵进击吐谷浑。吐谷浑人丁单薄，军事力量薄弱，且又缺乏准备，结果被唐军打得落花流水，拼命西窜。段志宏率部追击400多千米，一直追到距离青海湖只有15千米的地方，吐谷浑只得驱牧马而遁。

　　紧接着，唐将李君羡又在青海湖的南面大败吐谷浑，掠夺羊、马两万余头而归。

唐太宗不满业已取得这些成果，又以李靖为西海道行军大总管，统领众军；以兵部尚书侯君集为积石道行军总管、刑部尚书李道宗为鄯善道行军总管、凉州都督李大亮为且末道行军总管、岷州都督李道彦为赤永道行军总管、利州刺史高甑生为盐泽道行军总管，总共6路大军以及突厥、契苾族士兵，分道合击吐谷浑。

贞观九年初夏，唐军节节胜利，吐谷浑四处逃散。同年五月，李靖击破吐谷浑汗国，国人穷蹙，无处可逃，都纷纷怨恨怂恿慕容伏允骚扰唐王朝的天柱王。慕容顺顺应民心，斩杀了天柱王，举国请降。而慕容伏允则率千余骑逃至戈壁滩中。由于缺乏饮水和食物，士卒纷纷逃逸，慕容伏允也被随从杀死了。

李靖随后上奏唐太宗，称已经平定吐谷浑。太宗下诏，令吐谷浑复国，以慕容顺为西平郡王、趉胡吕乌甘豆可汗。太宗考虑到慕容顺尚未能服众，就命李靖留下麾下大将李大亮领精兵数千在当地协助慕容顺。

正如太宗所料，因慕容顺不能服众，很快就被部下杀死了，慕容顺的儿子燕王诺曷钵继任可汗。然而诺曷钵年幼，朝中的大臣便争权夺利，导致国中大乱。十二月，太宗又诏令兵部尚书侯君集将兵救援，吐谷浑才再次安定下来。

太宗一生钟爱书法，无论在实践上，还是在理论上都有很深的造诣。他撰写的《笔法论》《指法论》《笔意论》等文章至今仍是研究唐初书法理论的重要文献资料。他流传于世的墨迹《晋祠铭》和现存巴黎博物馆的《温泉铭》也均堪称一代书法杰作。

第十六章　震慑四夷

夫安人宁国，惟在于君。君无为则人乐，君多欲则人苦。

——（唐）李世民

（一）

在唐太宗向吐谷浑用兵之际，吐蕃的赞普松赞干布第一次派使者到长安朝贡，求与唐宗室女结为婚姻。因为唐王朝当时正在向吐谷浑用兵，太宗为争取吐蕃的支持，或让其严守中立，便热情接待了吐蕃的友好使者，并立即派冯德遐为使者，携带国书与礼物随同吐蕃前来的使者一道前往吐蕃答聘。

松赞干布见到唐朝来的使者后甚为高兴，热情地询问唐朝的风土人情，冯德遐都一一作答。松赞干布对唐王朝秀丽的江山和丰盛的物产羡慕不已，又听说突厥、吐谷浑等部族首领都以能娶到唐王朝宗室女子为妻而感到光荣，便再次遣使携带礼物随冯德遐一道来到长安，正式向唐皇室"奉表求婚"。

恰在此时，吐谷浑可汗诺曷钵也派使者来到长安，请颁历、行年号，派遣子弟入侍等。唐太宗答应了吐谷浑的这一请求，并封诺曷钵为河源郡王、乌地也拔勤豆可汗。诺曷钵还向太宗求亲，希望能娶到宗室女子为妻。同时，突厥王子阿史那社尔也向太宗提出了同样的请求。

唐太宗答应将衡阳长公主嫁给阿史那社尔，将弘化公主嫁给诺曷钵，但对松赞干布的请婚却婉言拒绝了。吐蕃使者没能完成自己的使命，担心归国后受到责备，便捏造事实，把责任推到吐谷浑王诺曷钵身上。

使者回到吐蕃后，对松赞干布说：

"臣刚到大唐时，大唐待我甚厚，而且答应将公主嫁给大王。但吐谷浑的使者入朝后，便在唐朝皇帝陛下面前挑拨离间，于是唐朝皇帝便不再提许婚给大王的事情了。"

松赞干布大怒，立即命人进攻吐谷浑，诺曷钵逃至青海湖以北。贞观十二年，松赞干布遣使给太宗送了一封信。松赞干布在信上狂妄地说：

"若不许嫁公主，当亲提5万精兵夺尔唐国，杀尔，夺公主！"

太宗看信后大怒：

"番邦之君竟敢如此大胆，冒犯我大唐天威！"

说完，唐太宗立即命与吐蕃接壤的各州县严加防范，一旦有风吹草动，立即向中央政府报告。松赞干布击溃吐谷浑后，便率众20余万直扑松州（今四川省松潘）西境。唐松州都督韩威率部抵抗，但终因寡不敌众而败北。

唐太宗得知韩威战败后，又立即以吏部尚书侯君集为当弥道行军大总管，以右领军大将军执失思力为白兰道行军总管、左武卫将军牛进达为阔水道行军总管、左领军将军刘兰为洮河道行军总管，统率5万步骑兵进击吐蕃。

吐蕃军队进攻松州城十余日，未能攻下。唐军先头部队抵达松州后，于夜间乘敌不备，大败吐蕃，斩敌千余。松赞干布见状极为恐惧，立即引兵撤退，并派使者入朝请罪。唐太宗见状，一来考虑山高水远，唐军无法彻底击溃吐蕃；二来他也不想发动战争，陷百姓于水火之中，因此在斥责了吐蕃的使者一番也就作罢了。

贞观十三年（640年）十二月，吐谷浑王诺曷钵亲自入朝觐见唐太宗。太宗大喜，立即以宗女为弘化公主，将其嫁给诺曷钵。次年，太宗又派淮阳王李道明送公主入吐谷浑。不久，吐谷浑丞相宣王反对诺曷钵，发动内乱，太宗立即命唐鄯州刺史杜凤举协助诺曷钵平定内乱，并派唐俭前往抚慰，在吐谷浑培植亲唐政权。

松赞干布见唐太宗将弘化公主嫁给了诺曷钵，第三次遣使入朝长安，献上黄金5000两及其他众多珍宝，再次向唐皇室求婚。这一次，唐太宗答应将文成公主嫁给松赞干布。

次年正月，唐太宗命礼部尚书、江夏王李道宗持节护送文成公主进入吐蕃与松赞干布成婚。为安排文成公主入藏，太宗在吐谷浑边境建筑行馆，让公主及随从人员在行馆休整一段时间，以适应高原地区的气候和生活习惯。同时，他还为文成公主备置了丰裕的嫁妆。除金银、绸帛、珍宝外，文成公主进藏时还带去了蔬菜种子、蚕种、农业技术、手工业制品、药物及很多书籍等，又带去了大批的工匠和乐队。

文成公主入藏的消息传到吐蕃后，松赞干布亲自带领迎亲队伍从些逻出发，前往青海迎接。松赞干布谒见了李道宗，并行子婿之礼。他高兴地说：

"我能娶到大唐公主为妻，实在是我的荣幸。我要为公主建造一座城池，让子孙万代都记住公主，永远和大唐通好。"

不久后，松赞干布便仿照唐朝的建筑风格大兴土木，修建了城郭和宫殿。这就是我们今天看到的大昭寺。

文成公主入藏后，将中原地区先进的文化和生产技术带到了西藏，全面促进了吐蕃政治、经济和文化的发展，为加强汉藏两族的联系和团结作出了重要的贡献，受到了人民的敬仰。为了称颂松赞干布和文成公主的历史功绩，人们还为他们塑造了塑像，这两座雕像至今还保存在布达拉宫。

（二）

北部边疆的东突厥被彻底击溃后，西北的吐谷浑举国归顺，西南的吐蕃则决心与唐王朝世代交好，唐王朝四境皆安，为中原地区的经济和文化建设提供了安定的社会环境。但是，唐王朝经丝绸之路前往西亚的商队却经常遭到西域各个小国的骚扰。

隋末唐初，西域诸国处于西突厥势力控制之下。西突厥射匮可汗在位期间，征服了准噶尔盆地的薛延陀族，在龟兹（今新疆库车县）北方的三弥山建立牙帐，占据着东北至金山（今阿尔泰山）、西至海（今哈萨克斯坦与乌兹别克斯坦境内的咸海）、东至玉门关的广大地区，西域各国均向西突厥称臣。射匮可汗死后，叶护可汗继立，势力仍然十分强大，拥有数十万的军队。

在西突厥的控制之下，伊吾（今新疆哈密地区）等愿意与唐朝往来的国家也不敢向唐王朝纳贡了。由于西突厥势力强大，再加上唐军不善在沙漠地带作战，唐太宗在对待西突厥和西域诸国的问题上便采取了远交进攻、逐步推进的蚕食战略。

早在贞观四年，唐军刚刚击溃东突厥时，太宗便采纳了凉州都督、西北道安抚大使李大亮的建议，对伊吾采取"羁縻"政策，"使居塞外，为中国藩蔽"。同年九月，伊吾城主入朝，"举其属七城来降"。于是，唐太宗便在伊吾的属地上设置西伊州（后改为伊州），使之作为唐王朝防御西突厥的屏障。

伊吾归降之后，唐王朝的下一个军事目标便是征服高昌。高昌是西域诸国中最为强盛的国家，拥兵数万，统辖21座城，都城设在高昌（今新疆吐鲁番）。高昌国王曲文泰是汉族人，曾于贞观四年入朝，太宗"赐遗甚厚"，赐其妻宇文氏李姓，封常乐公主。

贞观六年（632年），焉耆（今新疆焉耆县）王龙突骑支派使臣向唐朝贡献方物，"复请开大碛路，以便行旅"。为方便同西亚各国的经济、文化交流，唐太宗同意了这一请求。但是，这条商路的开辟使原经过高昌商路上的过境贸易大受损失。为此，曲文泰大怒，遂与焉耆结怨，发兵掠夺焉耆。

就在此时，西突厥内部发生政变，分裂为东西两部。高昌与同唐朝对立的乙毗咄陆可汗结盟，抢劫西亚前往唐朝的商人和使者。太宗派使臣前往谴责，曲文泰却反唇相讥，不予理睬。曲文泰曾前往长安入朝，沿途看见秦陇地区经济萧条，长安与高昌路途遥远，因此认为唐太宗未必敢轻易西征；再加上他与乙毗咄陆可汗结盟，自恃兵力强大，因此对形势作出了错误的估计。

贞观十三年十一月，唐太宗仍希望高昌王曲文泰能够悔过，故而再次下诏，向其讲明形势，征其入朝。但曲文泰竟称疾不至。太宗大怒，遂与同年十二派交河行军大总管、吏部尚书侯君集，副总管兼左屯卫大将军薛万均等人率兵进击高昌。

贞观十四年（640年）五月，高昌王曲文泰闻知唐朝发兵来攻，满不在乎地对国人说：

"唐王朝与我相距7000余里（折合3500千米），途中有沙漠、戈壁2000余里（折合1000千米），地无水草，寒风如刀，热风如烧，怎么能行军呢？以前我入朝觐见时，发现秦、陇之北城邑萧条，根本无法和隋朝之时的富庶相比。如今唐王朝发兵来讨伐我，发兵太多，无法供应粮草；如果发兵在三万以下，我们完全有能力抵抗。所以大家不必惊慌，我们只要以逸待劳、坐收其弊就行了。唐军屯兵城下，不会超过20天。等他们粮草已尽，必会东还。到时候我们追而击之，还怕打不过他们吗？"

然而，当唐朝大军越过沙漠、戈壁的消息传来时，曲文泰大吃一惊，一时竟不知道该如何应对，终于一病不起，命归黄泉了。不久，他的儿子智盛继位为高昌国王。智盛的王位还未坐热，唐军就攻破了田城（即田地城，今新疆鄯善西南鲁克沁）、高昌等城池。

此前，曲文泰曾与西突厥可汗约定"有急相助"，但乙毗咄陆可汗见唐军大举来攻，竟然吓得向西逃窜了500千米。智盛无计可施，只得开城投降，归顺了唐王朝。

太宗闻讯后大喜，立即在高昌设置西州，以浮图城（今新疆格木萨尔北）为庭州，各置属县。不久，太宗又在交河城（今乌鲁木齐市东北）设置了安西都护府，留兵镇守。

此后，唐太宗又陆续对西突厥、龟兹用兵，彻底打通了唐王朝通往西亚的交通要道。葱岭以东各国，如于阗（今新疆和田）等，都纷纷摆脱西突厥的控制，同唐王朝遣使通好，唐王朝彻底控制了西域诸国。

龟兹平定后，安西都护府又迁至龟兹王城，统领于阗、碎叶、疏勒（今新疆喀什），连同龟兹在内，称为"安西四镇"。唐王朝同西域及西亚的交通、经济、文化交流等也因此而得到保障。安西都护府除都护由唐王朝委派外，都督府以下的官吏大多由少数民族首领担任。这样一来，唐王朝同西域各国的联系也进一步加强，对中华民族各族的繁荣昌盛和融合起到了极其重要的作用。

（三）

突厥衰落之后，原先向其称臣的薛延陀部落趁机壮大起来。

薛延陀是铁勒的一支，其祖先为秦汉时期的匈奴，习俗与突厥相近。隋末唐初，薛延陀与铁勒其他部落曾先后分别依附于东、西突厥。东突厥衰落后，依附于颉利可汗的薛延陀首领夷男乘势发动叛乱，自立为汗国。

贞观三年，夷男接受了唐太宗所封的"真珠毗加可汗"的封号，与唐王朝建立了友好的关系。

东突厥汗国灭亡后，大漠以北空虚，夷男可汗便乘势率部进入原东突厥所占有的土地，建牙帐于都尉犍山之北，铁勒各部落及其他各少数民族部落都纷纷归附，薛延陀的势力由此日益强盛起来，拥有精兵20余万。在这种情势下，薛延陀开始南下骚扰唐王朝北部的边境。

为遏制薛延陀汗国的发展，唐太宗于贞观十二年九月册封薛延陀真珠可汗的两个儿子为小可汗，以分裂其势力。次年七月，太宗又诏令右武侯大将军、化州都督、怀化郡王、突厥贵族阿史那思摩（即李思摩，太宗赐其李姓）为乙弥泥孰俟利苾可汗，让其率已归附唐王朝的东突厥各部渡过黄河，返回旧地。

太宗此举的用意十分明显，就是想让突厥作为防御薛延陀汗国的屏障，保障唐王朝北部边疆的安全。然而，突厥各部都畏惧薛延陀，不肯出塞。

无奈之下，唐太宗又派司农卿郭嗣本赐给薛延陀玺书。在玺书上，太宗写道：

"颉利失败后，其部族皆归顺于我大唐。朕不惩其旧过，而嘉奖他们后来的良好表现，对待突厥的官员一如我大唐的官员，对待其百姓一如我大唐的百姓。中国是礼仪之邦，不灭人国。之前，朕发兵攻灭突厥，只不过是因颉利一人为百姓祸害而已。朕从来没有想过要占领他们的土地，利用他们的人口和牲畜，常常想更立可汗。所以，朕才将突厥旧部安置在河南，任其繁衍生息。如今，突厥人口繁盛，朕心里十分高兴。既然朕已答应他们更立可汗，就不可言而无信。秋天时，朕将遣突厥渡过黄河，复其故国。你们薛延陀受册在前，突厥受册在后，后者为小，前者为大，所以不要欺负他们。你们薛延陀就在碛北生息，让突厥在碛南生活，各守疆土，镇抚部落，不要产生非分之想。如果谁有非分之想，去骚扰对方，朕就会发兵攻打谁，各问其罪。"

薛延陀奉诏后，率部退至碛北。于是，唐太宗又派李思摩率领所部渡过黄河，建牙帐于碛南。太宗还在齐政殿为李思摩设宴饯行，李思摩深受感动，哭着向太宗敬酒，发誓说：

"臣发誓，愿子孙万世都侍奉陛下。"

贞观十五年（641年）正月，突厥俟利苾可汗（即李思摩）率部渡河，建牙帐于故定襄城。此时，突厥的势力已大不如前，总共只有3万户人口、4万兵将和9万匹兵马。李思摩十分清楚唐太宗让其渡过黄河的用意，但他同时也知道，凭借突厥的兵力，远远不足以对抗薛延陀。

安定下来之后，李思摩立即上奏太宗说：

"臣非分蒙恩，为部落之长，愿子子孙孙为国家一犬，守吠北门。若薛延陀侵逼，请徙家属入长城。"

李思摩这段话说得很巧妙，既向唐太宗表达了自己的忠心，也为自己留下了后路。太宗笑着答应了李思摩的请求。

就在这一年的十一月，唐太宗产生了东去泰山行封禅祭礼的想法。薛延陀真珠可汗闻知此事后，以为有机可乘，便对部下说：

"天子到泰山封禅，兵马随从保护，边境必定空虚。如果我们此时乘虚进击李思摩，简直如同摧枯拉朽。"

众人皆以为然。于是，真珠可汗命令他的儿子大度设征发同罗等部族共20万兵马，直扑漠南，进击突厥。李思摩自知无法抵抗薛延陀的大军，急忙率部退入长城，驻守朔州（今山西省朔县），并派使者向唐廷告急。

唐太宗接到李思摩的信件后，一边调兵遣将，整顿人马，准备攻打薛延陀；一边命人前往朔州，让李思摩放火烧塞外的秋草，断绝薛延陀战马的草料。李思摩领命，一切按照太宗吩咐行事。后来，突厥果然在唐军的协助下大败薛延陀。

贞观十九年（645年），唐太宗又东征高丽，刚刚登上汗位的多弥可汗（真珠可汗之子）乘机渡过黄河，进入朔方（今陕西省靖边县）。太宗早有防备，出兵之时就派右领军大将军执失思力统领突厥族士兵驻扎夏州之北，以防备薛延陀南下。薛延陀犯边之时，太宗立即派左武侯中郎将田仁会与执失思力合兵迎击。执失思力诱敌深入，大败薛延陀，狂追其300多千米。不久，多弥可汗又率兵至塞下，见唐军军备严整，不敢再犯。

贞观二十年（646年）六月，唐太宗为消除薛延陀的后患，乘多弥可汗继立后国内不安之际，以江夏王道宗、左卫大将军阿史那社尔为瀚海安抚大使，令执失思力、契苾何力、薛万彻、张俭等各率所部兵马分道并进，攻击薛延陀。

薛延陀国中大乱，纷纷西迁，改立真珠可汗在侄子咄摩支为伊特勿失可汗。随后，咄摩支去可汗之号，遣使奉表，请居郁督军山（今杭爱山）之北。唐太宗命李世勣与敕勒等部落联合进击薛延陀余部。薛延陀大败，咄摩支投降，并于当年七月进京觐见太宗，被太宗封为右武卫大将军。

太宗一生都十分重视农业生产。有一年关中遭遇蝗灾，太宗忧心如焚，亲自到田间地头察看灾情。他随手捉住几只正在吞食禾苗的蝗虫，诅咒说："人以谷为命，而你们却吞食谷物，残害百姓！如果百姓有过，就吞食我的心来惩罚我吧！"说着，太宗一把将蝗虫送入嘴中，吞了下去。

第十七章　废立太子

一日万机，一人听断，虽复忧劳，安能尽善？

——（唐）李世民

（一）

唐太宗共有14个儿子，其中长子承乾、四子魏王泰、九子晋王治为长孙皇后所生，三子吴王恪是隋炀帝之女杨妃所生。对这几个儿子，群臣曾有过评价，认为吴王恪和魏王泰最贤，即所谓的"才高辩悟"。

长子李承乾于武德二年出生于承乾殿，故而以承乾命名。李世民即位后，即按照立嫡立长的皇位继承原则，立皇子中山王承乾为太子。当时，承乾年仅8岁。幼年的承乾聪明伶俐，很得太宗的喜欢。贞观四年七月，唐太宗选择了德高望重的李纲为太子少师，以御史大夫萧瑀为太子少傅，负责教育太子。

李纲和萧瑀以儒家的君君臣臣、父父子子及忠孝节义等为主要内容，教导太子。太子学得也不错，还经常谈论古代的忠臣对君主竭忠尽节之事。贞观五年（631年），李刚去世，太子还为之撰文立碑。

贞观七年（633年），太宗对魏征说：

"自古以来，侯王能够自保者都很少。这是因为他们都生在富贵乡中，好逸恶劳，性格骄纵，大多不知道亲君子远小人的道理。"

为教育太子，唐太宗特定命魏征收录古来帝王子弟成败之事，编撰了《自古诸侯王善恶录》。太宗希望这本书能够教会承乾见贤思齐，闻过能改。承乾当时的表现还不错，太宗也相当满意。太宗甚至让十几岁的承乾听断"庶政"（朝廷的日常事务），并让房玄龄在一旁"侍坐"。让太宗感到欣慰的是，十几岁的承乾颇识大体，处理政务也像模像样。此后，太宗离京之时，常常令承乾"居守监国"。

如果按照这样的趋势发展下去，承乾将是无可争议的皇位继承人。然而，承乾的生活道路并未沿着这一方向顺利发展。史书记载，承乾"及长，好声色，漫游无度"。尽管他有一个英明的父亲、见识不凡的母亲和几个学识渊博的老师，但终究无法弥补他阅历上的不足。太宗曾说：

"太子生长在深宫之中，从未亲见过百姓的艰难。"

事实也确实如此，与唐太宗相比，太子承乾所缺乏的正是对社会生活的实际了解。他不知道百姓的艰难，也缺乏对先辈创业艰苦的认识，政治目光自然短浅。而且，他自幼便居储君之位，自以为地位尊崇，行事自然也颇为放肆。

不过，承乾是个很有手段的人。他担心太宗知道自己的劣迹，所以在人前从来不做出轨之事。每当临朝视事，承乾也言必称忠孝之道。然而退朝后，承乾便立即脱下伪装，与群小亵狎。当有人向他进谏时，承乾总是事先探知，然后"危坐敛容，引咎自责"。由于承乾善于伪装，文过饰非，因而在初期一段时间内，很多大臣都不了解他的本性。

承乾的侈纵败德越演越烈。贞观十七年，他曾招募一批亡命在逃的官奴到民间盗取牛马，亲自宰杀烹煮，然后与厮役、奴婢席地而坐，分而食之。他还选出左右貌似突厥之人，五人为一落，打扮成突厥人的样子，牧马放羊。他甚至还制作出突厥的旗帜，设牙帐，居住在其中。有一次，他甚至对身边的人说：

"一朝有天下，当率数万骑猎于金城（今甘肃省兰州西）西，然后解发为突厥，委身李思摩，在其帐下当一名头目。"

太常乐人中有一名10多岁的美童，擅长歌舞，号曰"称心"，颇受承乾宠幸。太宗闻知此事后大怒，将称心处死，受牵连而死者达数人。承乾以为此事是魏王泰告发的，于是怀恨在心。承乾还为称心被处死一事痛心不已，亲自在宫中为称心"起冢而葬之，赠官树碑"，并为此"托病不朝参者辄逾数月"。

从承乾的这些表现来看，他不但荒淫无度，简直已经由狂妄发展到了愚蠢的地步。当唐太宗得知承乾的荒淫行为后，深为忧虑。他并不想更立太子，但也不想让大唐江山葬送在承乾的手上。于是，他任命于志宁任左庶子、孔颖达任右庶子，让其辅导太子，希望能令太子改过。于志宁还根据太宗的安排撰写了《谏苑》20卷讽劝太子，孔颖达对太子也"多所规奏"，但承乾依旧执迷不悟。

（二）

屡教不改的太子承乾让唐太宗十分失望，于是太宗渐渐开始偏爱另一个儿子魏王李泰。

魏王李泰比承乾小一岁，生于武德三年。他"少善属文"，聪敏绝伦，文辞美丽，又相貌英俊，甚有美誉，因而一直都深受太宗偏爱。在受封魏王之前，李泰身兼扬州大都督、左武侯、雍州牧、左武侯大将军等职。贞观十年，太宗又将其徙封魏王，遥领相州都督，余官如故。

魏王李泰喜爱结交文学之士，太宗就特允许他在府中置文学馆，任其召引学士；甚至因李泰腰肥腹胖而走路有些吃力，就允许他乘坐小轿子到朝上，可见对他非常宠爱。

贞观十四年，太宗到李泰居住的延康坊宅，特下诏令赦免雍州及长安大辟罪以下，还免除了延康坊百姓当年的租赋。

魏王李泰又效仿古代名王招引宾客著书，奏引著作郎萧德言、秘书郎顾胤、记室参军蒋亚卿、功曹参军谢偃等人到府中撰写《括地志》。贞观十五年，该书完成，唐太宗大喜，特诏令付秘阁，赏赐魏王李泰及萧德言等人。不久，太宗每月给魏王李泰的"料物"就超过了太子。

地处皇宫的武德殿，原为齐王李元吉的住所。太宗为与魏王李泰往来方便，还让李泰移居到武德殿。这一切迹象都都表明，太宗正在准备条件，以便日后可让魏王李泰取代太子承乾。

李泰得到了太宗的宠爱，自以为有了政治资本，于是"负其才能，潜怀夺嫡之计"。为扩充势力，李泰暗中招驸马都尉柴令武、房遗爱等20余人，以为心腹，并利用黄门侍郎韦挺、工部尚书杜楚客等人结交朝中重臣。

太子承乾见自己失宠，李泰又积极培植党羽，企图谋取太子之位，甚为忌惮。为争继帝位，承乾与魏王李泰之间的矛盾日益尖锐，各自广结私党，培植势力。唐太宗的弟弟汉王李元昌因多有不法行为，多次受到太宗谴责，便怀恨在心，遂与太子承乾亲善，企图劝谏太子发动政变。

此外，扬州刺史、开化公赵节（高祖皇帝女长广公主之子）、驸马都尉杜荷（杜如晦之子，其妻为太宗女南平公主）也与承乾来往密切。朝廷中的大臣虽然有些人反对易立太子，但对承乾的荒淫也大失所望。唯有侯君集与太子亲厚，表示愿为太子谋反效力。

原来侯君集在平定高昌后曾私取珍宝，将士们知道后都深为不满，不久侯君集私取珍宝的事败露，被有司弹劾，关入大狱。后来虽然被释放了，但侯君集从此对太宗深怀怨愤，产成了谋反之心。

侯君集的女婿贺兰楚石在太子宫中担任卫士，很受重用。于是，侯君集便与承乾勾结，企图效仿太宗发动的玄武门之变，助太子诛杀兄弟，逼太宗退位。侯君集还举起手，信誓旦旦地对太子说：

"臣的这一双手，当为陛下用之。"

承乾对侯君集的表现很满意，允诺事成之后重用侯君集。得意忘形的侯君集又说：

"魏王如今深受皇上的宠爱，臣担心陛下有如杨勇被贬为庶人之祸。如果皇上有什么诏命，陛下应该提前应对。"

杨勇原是隋文帝杨坚的太子，后来被贬为庶人。承乾熟读经史，自然非常熟悉这段历史。他认为侯君集说得很对，便贿赂侯君集和掌管宫内禁卫的左屯卫中郎将李安俨，令他们暗中观察太宗的意图，以便及时应对。

太宗早已将两个儿子针锋相对的争权斗争看在眼里。他虽然多次令太子辅臣对太子严加教诫，但并没有采取有力的措施来制止承乾的荒淫行为。事实上，太宗内心是想任太子发展，以待承乾罪恶满盈时将其废掉。唐太宗曾对太子左庶子杜正伦说：

"太子虽然脚有毛病（太子有足疾，走路不大方便），但还是可以做些事情的。不过，他的声誉很不好，不爱贤好善，而是私自结交小人。爱卿要在暗中观察，好生教导他，如果他不听，就来告诉我。"

太宗这段话说得很明白，就是要杜正伦暗中观察太子，不让太子知道。杜正伦也算尽职尽责，多次劝谏太子，但都没用，最后他忍不住将太宗对他的嘱托告诉了太子。承乾一听，竟然愚蠢地抗表上奏。太宗大为气愤，质问杜正伦：

"你为什么要向太子泄露我的嘱托？"

杜正伦回答说：

"臣多次劝谏，太子不听，所以臣才拿陛下的话来吓唬吓唬他，希望他能有所收敛，从而改邪归正。"

太宗认为杜正伦不忠，不可重用，遂将其贬为谷州刺史，兼授交州（今越南北）都督。杜正伦离开了太子宫，但也因此躲过了杀身之祸。

（三）

杜正伦泄露唐太宗嘱托的行为导致了严重的后果。承乾见太宗确有废立之心，对太宗更加怨恨和恐惧，从而也加速了策划谋反的进程。

贞观十七年三月，承乾一伙开始策划谋反的具体方案。汉王李元昌极力劝太子谋反，并请求说：

"皇上身边有一个美人，善弹琵琶。事成之后，愿陛下将美人赐给我。"

承乾笑道：

"皇叔放心，此女早晚是你的。"

扬州刺史赵节、驸马都尉杜荷、侯君集等人也都参与了谋反阴谋。众人割破手臂，用帛拭血，烧成灰，和酒饮之，然后信誓旦旦地说：

"但求同生共死，一举攻破西宫。"

西宫即大内，是唐太宗的居所。不过，大内守卫森严，凭承乾手中的兵力，攻进去容易，想取胜就不大容易了。因此，杜荷向太子承乾献计说：

"陛下不可迟疑！您可称暴疾危笃，皇上必定会来看您。到时候，我们就埋伏在左右，伺机擒之。"

承乾同意了杜荷的方案，加紧调兵遣将，准备发动政变。恰在此时，唐太宗第五子齐王李祐在齐州（今山东省济南市）发动叛乱，承乾笑着对心腹纥干承基等人说：

"我宫的西墙距离大内只有20步，与卿等筹划大事，岂是齐王能比得了的？"

齐王李祐的叛乱很快就被李世绩率兵平定了，纥干承基等人因受牵连而被捕入狱，依法当处以死刑。纥干承基虽为太子心腹，但却是个怕死之人。为了保命，他竟向朝廷告发了太子密谋政变的事。太宗大怒，立即令长孙无忌、房玄龄、萧瑀、李世绩等与大理寺、中书省、门下省连同审理此案。就这样，太子的密谋还未等实施就败露了，且证据确凿。

太宗沉痛地问群臣道：

"应该怎样处置承乾呢？"

群臣默然，不敢回答。通事舍人来济出列，进言道：

"陛下是一位慈父。如果能让太子得尽天年，就是极大的恩赐了。"

太宗听从了来济的建议，诏令废太子承乾为庶人，幽于右领军府；汉王李元昌被赐自尽，其母、妻、子皆被赦免；侯君集、李安俨、赵节、杜荷等人被依法处死；太子左庶子张玄素、右庶子赵弘智、令狐德棻等人因不能劝谏太子，被免官为庶人。其他受牵连应当判罪，但罪名较轻者，一律赦免。纥干承基因告密有功，不仅被免除死罪，还被任命为祐川府折冲都尉，赐爵平棘县公。

太子承乾被贬为庶人后，魏王李泰自以为太子之位非己莫属，便天天入大内侍奉太宗。太宗也当面许愿立李泰为太子。在诸位大臣中，岑文本、刘洎也劝太宗立魏王为太子，唯有长孙无忌坚持请立晋王李治为太子。李泰由此对弟弟李治和长孙无忌产生了戒心，时刻防备着他们。

李治是太宗的第九子，封晋王，遥领并州都督。李治温文尔雅，深受太宗偏爱。年少时，李治曾向著作郎萧德言学习《孝经》。有一次，太宗问他：

"这本书都讲了些什么？"

李治回答说：

"孝，从侍奉双亲开始，然后忠心侍奉君主，最后立身。君子辅佐君上，进入朝堂之上要想着尽忠，退下来要反省自己的过错；顺承君上的优点，匡救君上做的不好的地方。"

太宗听了李治的这番议论后非常高兴，对群臣说：

"做到这些，足以事父兄，为人臣子了！"

李治9岁时，其母长孙皇后驾崩，李治悲戚哀伤，痛哭不止，让群臣深受感动。爱屋及乌的太宗也由此更加偏爱李治。因此在承乾被废后，最有资格被立为太子的就是魏王李泰和晋王李治。

李泰的条件要比李治优越得多，一来他比李治年长，按长幼顺序也比李治更有资格被立为太子；二来他已培植了自己的势力，又表现出一定的政治才能。但是，李泰也有一些很明显的缺点，那就是恃宠、逞尊、骄奢、傲物、狡诈，在朝廷重臣中也缺乏强有力的支持者。而李治虽然年幼，缺乏政治经验，甚至有些懦弱，但却深得太宗喜爱。所以，两人被立为太子的可能性几乎是均等的。

（四）

魏王李泰感到了来自晋王李治的威胁，极力在太宗面前表现，希望太宗能立他为太子。一天，李泰和太宗续完了父子之情后，就亲昵地依偎在太宗怀中。太宗爱子心切，许诺立李泰为太子。李泰立即信誓旦旦地说：

"臣今日才真正成为陛下之子，这是臣的再生之日。臣有一子，待臣死之日，必为陛下杀之，传位给晋王。"

太宗深受感动，当即对李泰说了许多宽慰的话。第二天，太宗就把李泰的这些话说给群臣听，然后不无感慨地说：

"谁不爱自己的儿子呢？朕见魏王如此，心里深感欣慰！"

谏议大夫褚遂良闻言后，立即正词直谏道：

"陛下之言大错特错！请陛下深思，不要犯错啊！陛下万岁之后（委婉地指去世），魏王据有天下，怎么肯杀了自己的爱子，传位给晋王呢？先前，陛下立承乾为太子，又宠爱魏王，所加的赏赐也多于太子，终于酿成今日之祸。前事不远，足以为鉴，陛下如果要立魏王，请先妥善安置晋王，方能平安无事！"

褚遂良的这段话是在委婉地告诉唐太宗，魏王得立后，如果不削弱晋王李治的势力，李治定然无法得到善终。太宗也觉得褚遂良说得在理，但手心手背都是肉，他不忍心伤害任何一个儿子。因此思前想后，太宗一时竟没了主意，只是流着眼泪说：

"朕做不到啊！"

说完，太宗便悲伤地离开前殿，到后宫去了。

李泰得知长孙无忌、褚遂良都谈到晋王李治，担心晋王会成为自己的竞争对手，便利用李治性格懦弱的特点，私下要挟他说：

"你曾经与皇叔汉王元昌交好。如今，元昌谋反失败，你难道就不害怕吗？"

性格懦弱而又缺乏政治经验的李治被魏王这么一吓，果然"忧形于色"，一连多日都忧心忡忡，闷闷不乐。太宗发觉李治有些不大正常，感到奇怪，便私下里问他：

"我儿怎么了？"

李治不敢回答，只推说身体不好。太宗是何等聪明之人，他立即发觉李治在说谎，便再三追问。李治终于鼓起勇气，把李泰恐吓他的那番话说了出来。

太宗由此对李泰失望至极。联想起前些日子李泰说的杀子传位给晋王的话，以及褚遂良的一番进谏，他茫然若失，开始为日前许愿立魏王为太子之言感到后悔了。

在承乾谋反之事败露后，唐太宗曾当面质问承乾为什么要谋反，承乾回答说：

"臣已为太子，还有什么所求的呢？但魏王泰却一再苦苦相逼，想夺取太子之位，臣便召集群臣商议自安之术。没想到，他们竟然教臣图谋不轨！父皇如果立魏王泰为太子，那就等于落入了他的计划之内。"

想到李泰的所作所为，又想到承乾的一番话，唐太宗终于下定决心削弱李泰的势力，立晋王李治为太子。

一天，太宗在两仪殿召见长孙无忌、房玄龄、李世绩和褚遂良等近臣及晋王李治。太宗伤感地对几位大臣说：

"我三子（齐王祐、太子承乾、魏王泰）一弟（汉王元昌）所作所为都令我非常失望，我真是痛心啊！"

说着，太宗便倒在龙床上痛哭起来，长孙无忌等人急忙向前扶抱。太宗又抽佩刀想要自杀，褚遂良向前夺过刀交给晋王。

待太宗情绪稍微平复后，长孙无忌等人问太宗想要怎么办，太宗这才缓缓说道：

"朕想立晋王为太子。"

长孙无忌立即附和道：

"谨奉诏。有异议者，臣请斩之！"

太宗又转头对李治说：

"你舅舅已经答应立你为太子了，还不赶快拜谢！"

李治忙向长孙无忌深深一躬，顿首称谢。这时，太宗又对长孙无忌等人说：

"你们都已经同意了我的意见，不知道外面的大臣会不会有意见呢？"

长孙无忌回答说：

"晋王仁孝，天下属心久矣！陛下不信的话，可以召百官来问，如果有不同意见的，臣愿意万死以赎罪。"

立晋王李治为皇太子一事就这样定下来了。贞观十七年四月的一天，太宗召集文武六品以上官员，向群臣说道：

"承乾悖逆，泰亦凶险，皆不可立，朕欲选诸子为嗣，究竟应该立谁？请爱卿们明言！"

大臣们早已闻知太宗想要立晋王李治为太子了，因此齐声高呼道：

"晋王仁孝，可以选立为太子。"

太宗听后十分高兴，立即传令将魏王李泰幽于北苑，同时昭告天下，立晋王李治为太子，大赦天下，举国欢庆三日。

　　唐太宗一生执法严明，即使亲眷中有违法者也严惩不贷。他的外甥赵节参与承乾叛乱，被判处死刑，太宗为此亲自到姐姐长广公主府第去说明情况。公主跪在地上为儿子求情，太宗也跪在地上"拜泣"，但却始终没有答应。

第十八章　晚景之痛

济育苍生，其益多；平定寰宇，其功大，益多损少。

——（唐）李世民

（一）

由于国政繁杂，日理万机，唐太宗的身体在贞观十年以前就日渐消瘦，多次患病，且累年不愈。长孙皇后对太宗侍奉有加，常常衣不解带。太宗病情危急时，长孙皇后甚至暗暗发誓，一旦太宗有什么不测，她将追随而去。没想到是，太宗的病体一拖就是十几年，而长孙皇后却在贞观十年一病不起，先离太宗而逝了。

长孙皇后的去世对唐太宗来说是一次沉重的打击。从此，太宗常常郁郁不乐，身体状况也每况愈下。贞观十七年后，太宗的健康状况更加不容乐观，这在很大程度上是因为废立太子的问题给他的精神带来了沉重的负担。据史书记载，太宗晚年，气疾缠身，虽然还不到50岁，但却常有暮年之叹。

贞观十九年十二月，49岁的唐太宗东征高丽而还。途中，太宗突然身患毒痈，不得不在并州暂停养病，直到第二年春天才起驾返京。

并州到京师相距500多千米，由于长途跋涉，旅途劳顿，再加上东征高丽的失利，唐太宗心情抑郁，刚到京城就再次病倒了。无奈之下，太宗下诏令太子李治处理军国大事。而李治也确实仁孝，在听政之暇常常"入侍药膳，不离左右"。

直到贞观二十年十月，太宗才逐渐病愈，但身体仍然很虚弱。由于对高丽的战争不顺，太宗又拖着虚弱的身体前往灵州督战，不想又患上了感冒。这次感冒一直调养了三个多月才康复，可见太宗的身体已经虚弱得很严重了。

贞观二十一年正月，长孙皇后的舅父、开国元勋高士廉病逝，又给太宗的精神带来了很大的刺激。是年二月，他又患上了风疾，直至十一月才"疾愈，三日一视朝"。

由于接连患病，药物治疗又没什么起色，太宗便转而相信超自然的力量，开始服食丹药，以求长生。这种不科学的举措无疑让太宗的病体更加雪上加霜。

从贞观二十一年正月至贞观二十三年（649年）五月的两年多时间里，高士廉、马周、房玄龄、李靖等大臣相继去世，这又进一步加重了唐太宗对死亡的恐惧。

贞观二十二年（648年）五月，王玄策借兵吐蕃、泥婆罗，大败天珠帝那伏帝国，俘虏了国王阿罗那顺和方士那罗迩婆婆寐。那罗迩婆婆寐称自己已经200岁了，有长生之术。王玄策信以为真，将其进献给唐太宗。太宗对此深信不疑，对其礼敬有加，在金飚门内筑馆给他居住，令其"造延年之药"。

虽然痴迷于各种长生不老的灵丹妙药，但在晚年患病期间，唐太宗最关心的仍然是大唐帝国的未来。他很清楚，太子李治的政治才能没法与自己相比，要想让他保住这个庞大的帝国并非易事。而他之所以立李治为太子，纯粹是无奈之举。他曾对大臣们说：

"立李泰为太子，承乾与李治的命都保不住；如果立李治为太子，承乾与李泰都会安然无恙。"

这段话也表明李治并非唐太宗心中最理想的太子人选。从史书记载来看，太宗晚年比较中意的太子人选是三子吴王李恪。他曾私下对长孙无忌说：

"你一直劝我立雉奴（即李治，雉奴是其乳名），但雉奴懦弱，恐怕不能守住社稷。吴王恪英明果断，和我比较像，我想立他为太子，你看怎么样？"

长孙无忌不同意太宗改立李恪为太子，仍极力维护李治。太宗无奈，叹了口气说：

"难道因为李恪不是你的外甥，你才这样吗？"

长孙无忌当然不敢承认是这个原因，他说：

"太子仁厚，是守成的良主。况且立储君是大事，怎么能说改就改呢？愿陛下再考虑考虑。"

由于长孙无忌的反对，太宗便放弃了改立李恪为太子的想法。为保全李恪，太宗曾告诫他说：

"父子虽然是至亲，但一旦犯了罪，则天下之法不可私也。汉朝时，昭帝被立为太子，燕王旦不服，企图夺位，霍光就杀了他。为人臣子的，这件事情不可引以为戒！"

李治即位后，吴王李恪果然被长孙无忌以谋反的借口杀掉了。由此可见，太宗还是比较有先见之明的。

（二）

为了能让懦弱的李治守住大唐帝国，唐太宗可谓费劲了心思。他诏令以长孙无忌为太子太师，房玄龄为太子太傅，萧瑀为太子太保，李世勣为太子詹事；又以左卫大将军李大亮领右卫率，前太子詹事于志宁、中书侍郎马周为太子左庶子，吏部侍郎苏勖、中书舍人高季辅为太子右庶子，刑部侍郎张行成为太子少詹事，谏议大夫褚遂良为太子宾客。这些人当中有四人是名列凌烟阁的开国功臣，其余几位皆是贞观后期的后起之秀。

唐太宗几乎将朝中所有精英都集中起来辅佐太子李治，但他仍然不放心，遂于贞观二十二年亲自撰写了《帝范》一书赐给太子，希望太子能从中学到驾驭群臣、治理天下的政治经验。

《帝范》是唐太宗李世民一生政治经验的总结，也是留给太子李治的一份政治遗嘱。难能可贵的是，太宗在书中对自己一生的得失做了客观的分析，同时也对太子李治寄予了深切的期望。

可惜的是，太宗临终前对太子的这番教诫并没有起到什么作用。后来的历史事实表明，李治确实不是一位成功的帝王。

《帝范》的写作并未对太宗的健康产生太大影响。从写作《帝范》到含风殿逝世，唐太宗又活了一年多的时间。在这段时间里，太子所做的事情同贞观后期一样，仍是大兴土木和对高丽用兵。

贞观二十三年三月，那罗迩婆婆寐的丹药炼成了。太宗欣喜若狂，忙不迭地吃了下去。据史书记载，太宗"服竟不效"，以致身中剧毒，身体很快就垮了下来。

四月，太宗临幸翠微宫。在翠微宫，太宗自知余日无多，便为太子李治在日后的重大人事安排施了一道"妙计"。太宗对李治说：

"李世绩才智有余，但与你没什么感情，朕担心他以后不能顺服于你。现在，朕先罢黜他，如果他立刻远行的话，日后你即位后便亲自去请他回来，并任命他为仆射；如果他徘徊观望，你就马上杀了他！"

李世绩名列凌烟阁24位功臣之一，曾多次统率大军在疆场上为唐王朝屡建奇功。但此人处事圆滑，善于逢迎人主旨意，明哲保身。唐太宗既想借助于李世绩的才能和威望来辅佐太子日后治国，又担心李世绩日后不尽忠于主上，另生事端，故而授予李治这一"妙计"。

五月初，太宗突然诏令李世绩出任叠州（今甘肃省迭部县）都督。李世绩接到这一突如其来、令人费解的诏令后，马上就理解了太宗的意图。他连回家向亲人辞别都没顾上，便踏上了赴任的旅程。后来的事实表明，太宗的这一"妙计"并未能产生预期的效果，而是走向了愿望的反面。

五月末，太宗病危，召见长孙无忌入翠微宫含风殿。太宗卧在病榻上，举手抚摸着长孙无忌的面颊。长孙无忌悲痛不能自制，失声痛哭。太宗也口不能言，黯然垂泪，然后令长孙无忌退了出去。

几天后，唐太宗回光返照，精神看上去好了一些。他立即召李治、长孙无忌与褚遂良等人进入卧室，口述遗嘱。太宗对长孙无忌等人说：

"朕不行了，今后的事情就要交给你们了。太子仁孝，你们是知道的，要好好辅佐他。"

说完，唐太宗又转向李治，有气无力地说：

"有无忌和遂良在，你不要忧虑。"

李治啜泣着点了点头。太宗又转向褚遂良，对他说：

"无忌一直尽忠于朕。朕能坐拥天下，无忌的功劳不小。朕死之后，不要让小人在太子面前进谗害他。"

说完，唐太宗又用手指了指身边的笔墨，示意褚遂良书写遗诏。褚遂良领命，立刻按太宗的口述写了起来。太宗说着说着，声音越来越微弱，不一会儿便气绝身亡了，时年53岁。

唐太宗李世民在位的20多年中，唐朝社会的政治经济都发展到了空前的盛况，国内一派繁荣昌盛的景象，边境以外的一些部落也纷纷前来归附，各国商旅来往更是络绎不绝。这时的中国，已经发展成为当时世界上最富强、最昌盛的封建国家，历史上将这一时期称为"贞观之治"。

不过，唐朝之所以备受后人推崇，最主要的原因并非因其疆域辽阔、经济繁荣、军事力量强盛，而在于它开放的气度和宽容博大的胸怀。唐太宗李世民之所以备受后人景仰，也正在于他具有一个领袖的博大胸襟和高瞻远瞩。他正是以此凝聚了人才，收获了成功，并感染了时代，为中国开创了百余年的流金岁月。

唐太宗病逝后，太子李治即位，是为唐高宗。遗憾的是，由于高宗缺乏政治才能，又懦弱昏庸，后来的大唐政权渐渐落入皇后武则天的手中，从而给唐王朝带来了一场血雨腥风的大清洗……

李世民生平大事年表

公元599年（开皇十八年十二月二十二日）1月23日，唐太宗李世民出生于陕西武功（今陕西省武功县西北）别馆。

公元601年　父亲李渊以"济世安民"之意，为其取名李世民。

公元613年　李渊征讨辽东。母亲窦氏去世。李世民娶长孙氏。

公元615年　献策云定兴，解雁门之围。

公元617年　为光禄大夫、唐国内史，徙封秦国公，食邑万户。长子李承乾出生。

公元618年　唐朝建立，被封为亲王。

公元619年　大败宋金刚，收秦叔宝、尉迟敬德等。

公元620年　东进洛阳，讨伐王世充。

公元621年　大败窦建德、王世充，攻克洛阳，任天策上将。

公元622年　大败刘黑闼。

公元625年　进位中书令。遭太子李建成与齐王李元吉谋害。

公元626年　发动玄武门政变，杀太子建成及齐王元吉，被立为太子。八月，即皇帝位。

公元627年　诛杀谋反的燕郡王李艺。封太子少师萧瑀为尚书左仆射、吏部尚书长孙无忌为尚书右仆射、御史大夫杜淹检校吏部尚书等。

公元628年　吐谷浑寇岷州，令都督李道彦败之。

公元629年　令房玄龄为尚书左仆射，杜如晦为右仆射，尚书右丞魏征为秘书监，参预朝政。八月，令李靖为定襄道行军大总管，出兵讨伐突厥。

公元630年　李靖大败突厥。西北君长请上号为"天可汗"。

公元633年　颁布新订《五经》。

公元634年　讨伐吐谷浑。

公元635年　太上皇李渊去世。

公元636年　长孙皇后去世，葬于昭陵。

公元641年　薛延陀寇边，命兵部尚书李世勣为朔州道行军总管、右卫大将军李大亮为灵州道行军总管，讨伐薛延陀。同年，文成公主入吐蕃。

公元643年　魏征病逝。画凌烟阁二十四功臣像。齐王李佑谋反，暴露太子承乾谋反之事，承乾被废，晋王李治被立为太子。

公元645年　亲征辽东，大败高丽。

公元646年　江夏郡王道宗、李世绩伐薛延陀，大败之。铁勒诸部请上号为"可汗"。

公元649年7月10日，李世民在含风殿驾崩，时年53岁。初谥文皇帝，庙号太宗，葬于昭陵。